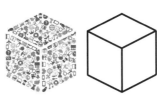

創造するための具体化と抽象化

# アナロジカル・

analogical design

# デザイン

## 武田敏幸
TAKEDA Toshiyuki

文芸社

# 目次

創造的な仕事をするために

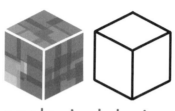

analogical design

　私たちは生まれて間もなく言葉を学びます。そして、物心がついた頃には集団生活の中で学ぶことが始まります。小学校、中学校、高校、大学と学びは続き、社会人になってからも途切れることはありません。生涯続く学びは、多くの場合、実践的な能力であるスキルを身に付けるために行われます。

　スキルには様々なものがあります。プログラミングや料理などの技術スキル、交渉力や外国語などのコミュニケーションスキル、プロジェクトマネジメントやファシリテーションなどのスキルもあります。スキルはビジネスの現場で発揮されることもあれば、家族や親しい人のために発揮されることもあります。

　プログラミングスキルを持つ人が仕事でプログラムを組むことで広く社会で使われます。社会はプログラムの効用に浴し、その結果としてプログラマーは給料がもらえます。家族のために料理のスキルを使ったり、クルマの運転スキルを使うことで、自分を含めて皆が満たされた時間を過ごすことができます。

　スキルはそれを使うことで他者に貢献し、その結果として自分にも報酬をもたらすようなサイクルを作ります。つまりスキルは社会を自律的に動かす原動力なのです。

　もちろん、スキルを自分のためだけに使うこともありますが、一人暮らしの料理自慢が自分のために腕を振るえば、満腹に

なった翌日には、きっと大いに働いたり周りの人にも親切にすることでしょう。

　スキルにはあらゆる種類がありますが、どんなスキルにも共通して重要な「核」のようなものはあるでしょうか？

　私たちの周りにはありとあらゆる物質がありますが、その根源は原子核と電子の組み合わせです。スキルにおける原子核と電子のようなものがあったとしたら、それは、プログラミングにおいても料理においても、英会話においても重要な鍵になっているはずです。

　そんなスキルの根源は「具体化」と「抽象化」です。これらはどんなスキルでも決定的に重要な役割を担います。プログラミングでは様々な問題を抽出する「具体化」の作業を経て、情報システムの要件を作る「抽象化」を行います。この要件をプログラムコードに「具体化」し、テストを行うことでシステムの効用を評価する「抽象化」が行われます。

　料理を作るときは食べる人の好みや健康状態、季節や天候など様々なことを「具体化」して勘案します。そのうえで献立という形に「抽象化」します。必要な素材を洗い出し、買い物先や調理工程に「具体化」し、調理することで料理という形に「抽象化」します。

　様々な英単語を覚えるのは「具体化」の作業です。これを文章として「抽象化」して理解します。その文章を会話という様々な状況に合わせて使うのは「具体化」です。最終的には、その会話の結果、どのような意思疎通が行われたかを評価する「抽象化」が行われます。

　しかし、普段、何かのスキルを身に付けるとき「具体化」や「抽象化」はあまり意識していないのではないで

しょうか？　私たちはそれぞれの専門ごとに特別な名称で呼ばれるスキルを学びます。「システム要件定義」と「コーディング」では全く方向性の異なるスキルが必要ですが、そのことは意識されずプログラミングスキルの一要素として処理されます。

　実際には「具体化」と「抽象化」のどちらも得意な人は少なく、大抵「具体化」が得意な人は「抽象化」が苦手だったり、その反対に「抽象化」が得意な人は「具体化」が苦手という場合が多いのではないでしょうか。でも「具体化」や「抽象化」を意識することもないので、自分でも何に苦労しているか分からないまま十分にスキルを習得できないということが起きてしまいます。

　本書ではあらゆる場面で応用可能な「具体化」と「抽象化」の実践方法を提示します。これはあらゆる分野のスキルに共通する基本単位であり、言うなれば<u>スキルの根源</u>です。

## 「創造する」とは？

　では、このスキルの根源を身に付ければ創造的な仕事ができるようになるのでしょうか？
「具体化」と「抽象化」はきちんと筋道を立てて考える方法です。言ってみればとても論理的な思考方法です。論理的な思考は何らかの前提から出発するので、どんな場合でも多くの人が納得するところから出発します。

「誰でも交通事故に遭うのは嫌だ」→「衝突安全機能があれば衝突事故を防げる」→「クルマには衝突安全機能が必要だ」
「重たいパソコンを運ぶのは疲れる」→「新素材のバッテリーは軽い」→「新素材バッテリーを搭載したパソコンを作ろう」

というように論理的思考は既に問題点が明らかなことの解決方法を見出したり、改善していくには威力を発揮します。つまり1を10にすることには有効というわけです。

　しかし「創造する」というのは、前提がなく前例もないところから出発して新たな価値を生み出すことです。0から1を生み出すためには論理的な思考からジャンプする必要があります。

　アナロジー思考は、似ているものになぞらえて考えることです。「例えば○○で言うと」というように私たちも日常生活でよく使っているシンプルな思考法ですが、多くの歴史的な発明・発見や成功したビジネスが、このアナロジー思考によって生み出されたことが分かっています。活版印刷機を発明したグーテンベルクも物理学者のラザフォードもスティーブ・ジョブズもアナロジー思考に長けていました。金融市場も飛行機も回転寿司も、アナロジー思考が誕生のきっかけになりました。論理的に考えるだけでは行き詰まってしまうこともありますが、アナロジーで発想をジャンプさせれば突破することができるのです。

　スキルの根源である「具体化」と「抽象化」を繰り返し、アナロジー思考で論理から飛躍すること。これらをセットで行うことが創造的なイノベーションを起こす鍵なのです。


　しかし、創造する活動にはとても大きな問題が立ちはだかります。それは「正解がない」ということです。一方、既存のものを改善する場合は正解がはっきりしています。壊れやすい電気製品は壊れにくくするのが「正解」で、燃費の悪いクルマは燃費を良くするのが「正解」です。

　ところが、前例のない「革新的なクルマ」を「創造」しようとすると、燃費の悪いクルマは出発点にはならず、何が正解か分かりません。このように1つだけの正解を見出すことが困難な問題を、「厄介な問題」[1]といいます。

「人類を火星へ移住させる」というのは一見、難しい問題のように思いますが、技術的な問題を明らかにしこれを1つずつ解決していくことで、ゴールにたどり着くことができます。しかし「子供をどのような大人に育てるべきか？」という問題は問題自体が曖昧で1つの正解というものがなく「厄介な問題」というわけです。

　このような領域に古くから携わってきたのがデザインです。

## デザインによる「問題発見」と「問題解決」

　素敵なデザインに出会うと心が満たされ、楽しい気分になります。美しい食器、座り心地の良いラウンジチェア、直観的に操作できる電気製品、迷わない空港、快適に操作できるアプリ、待ち時間のない行政サービス……形の有るものやないもの、大きなものや小さなもの、これらはすべてデザインの対象です。「正しい子供の育て方」がないように「正しいラウンジチェアの形」というものもありません。「ラウンジチェアの形をどうするべきか？」という厄介な問題に応えてきたのがデザインです。

　価値観が多様化し一人一人が自分に合った人生を選択する時代、問題も複雑化し1つだけの正解というものはなくなってきています。ビジネスや行政、プライベートな暮らしにおいてもデザインが改めて重要性を増しています。

　とはいうものの、デザインという言葉はとても曖昧です。「デザイン」という言葉は日常でもよく使われるので、何となく分かったつもりになっていますが、実際何を表しているかは人によっても、使う場面でも異なります。自分が取り組みたいことはデザインの対象なのか？　デザインにはどんなことができるのか？　デザインするためにはどんなことを学べばいいの

か？　そんな疑問が生じるのは「デザイン」という言葉が曖昧で漠然としているからではないでしょうか。
「デザイン」という言葉が何を表しているかを、もう一度考えてみると手がかりが掴めるかも

しれません。それには「大きなデザイン」「小さなデザイン」という考え方が有効です。


## 大きなデザインと小さなデザイン

　1990年代くらいまで、「デザイン」は色や形などモノの外観を美しく造形することを指していました。インテリアデザイン、カーデザイン、グラフィックデザイン、ファッションデザイン……美しくデザインされたモノと、これを作り出す特別な才能を持ったデザイナーたち。「デザイン」という言葉からはそんなことが一番にイメージされます。

　しかし、2000年頃から「デザイン」には新たな意味が加えられます。企業活動におけるプロセスや戦略にも「デザイン」が取り入れられるようになるのです。企業における業務改善や戦略策定は「問題発見」と「問題解決」の繰り返しです。企業活動のように様々な価値観が存在し明らかな正解がない領域で「デザイン」の方法が有効であることが知られるようになります。

20世紀まで：モノの色や形などの外観（意匠）を造形するた
　　　　　　めの活動
21世紀から：問題発見と問題解決を行うための活動

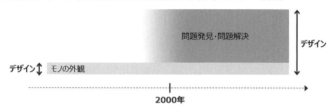

　各務太郎氏は著書『デザイン思考の先を行くもの』[2] で、前
者を「スタイリング」と呼んでいます。モノのスタイルのこと
なので「スタイリング」という言葉がぴったりです。ここで注
意しなければならないのは、今世紀に入ってモノの外観に関す
る活動を「デザイン」と言わなくなったかというと、そうでは
ありません。元の意味に「問題発見と問題解決」という意味が
加わったということです。つまり「デザイン」という言葉で表
す領域が広がったのです。

　あとから追加された「問題発見」「問題解決」という領域が
とても広いので、いま「デザイン」というと、一般的にはこち
らを指している場合が多くなっています。モノの外観は「デザ
イン」の一部という感じです。

　本書では安西洋之氏と八重樫文氏の共著『デザインの次に来
るもの』[3] に倣って、プロセスや戦略を対象とした問題発見、
問題解決の活動を「大きなデザイン」、モノの色や形などの造形
については「小さなデザイン」と呼びます（以下は、素晴らし
い観点を与えてくれた同書をきっかけに私が考察した内容です。
両氏の見解と異なる点があるかもしれませんのでご了承くださ
い）。

## 「大きなデザイン」が現れた背景

　1990年代には情報化が急速に進展し、コンピューターネットワークが世界中を覆いつくしました。パソコンや携帯電話が普及し、日常的に一般の人が電子機器を使う時代に入ったのです。この頃から人々の価値観の重点はハードウェアからソフトウェアにシフトしていきます。

　しかしソフトウェアは無形物であり、それを所有しているだけでは価値を生みません。ユーザーはソフトウェアを使った先の「問題解決」に価値を見出し始めたのです。情報技術の進展を受けて始まったハードウェアからソフトウェアへの価値転換は、「所有」から「問題解決」への価値転換を伴っていました。

　ところで、ソフトウェア開発では従来からデザインという言葉が使われてきました。

　　　外部設計…External Design
　　　内部設計…Internal Design

　ソフトウェアをどう設計（Design）するか？　ということはユーザーの「問題解決」をどのように効果的に行うか？　ということです。効果的な「問題解決」の方法としてデザインが再定義されたのは、情報化とソフトウェア化が進み、「問題解決」に人々の関心が集まったことが背景にあると考えられます。

　ソフトウェアには、人間が行う作業や組織が行う業務を自動化するためのものが数多くあります。個人が使うメールやカレンダーなどのアプリ、企業が使う様々な業務用ソフトウェアなどです。業務用ソフトウェアをデザインする際、これを利用する業務プロセス自体が効率の悪いものであれば、ソフトウェアによる「問題解決」にも限界があります。業務プロセスも情報化の恩恵を最大限受けられるようデザインし直す必要があるかもしれません。

　ソフトウェアを効果的にデザインし、同時に作業や業務プロ

創造的な仕事をするために

15

セスを効率的かつ効果的なものにできれば、より大きな価値が生まれます。無駄を排除しミスを発生させない業務プロセスは、最終的にはユーザーが受ける価値も高めます。こうしてデザインは、プロセス自体の問題を発見し解決することも対象とするようになったのです。

　ソフトウェアやコンピューターシステムはそのためのツールの一つですが、効果的な「問題解決」の方法としてデザインが再定義される原動力になったのではないでしょうか。

　2004年、NHK教育テレビの『にほんごであそぼ』がテレビ番組として初めてグッドデザイン大賞に選ばれました。これは、無形物もデザインの対象であるという認識が徐々に広がっていったことを象徴しています。テレビ番組もまた、ユーザー（視聴者）の教育的あるいは娯楽的なニーズを満たすための「問題解決」手段といえます。

　デザインは製品の外観をどうするか？　というほんの一部の役割を担っていましたが、製品を生産するプロセスや材料の調達、マーケティングやブランディングなどにも領域を広げていきます。企業活動の全般ということになりますが、これはデザインの方法が「問題発見」や「問題解決」に有効だったからです。必然的に企業活動を統括する戦略の領域にもデザインを適用する動きが広がりました。

　このように、ある目的を達成するために人間が決めたルールに則り行われる活動のすべてが、デザインの対象になってきたのです。

## デザインするのは「機能」と「意味」

　デザインはその対象範囲が「大きなデザイン」に広がりましたが、実際「何を」デザインすることで「問題発見」し「問題解決」できるのでしょうか？　もう少し具体的に見てみましょう。

　1つは「機能」です。対象を構成する要素の役割と関係性のことを「機能」といいますが、目的実現に即した「機能」を定義していく活動がデザインといえます。不足した機能や不十分な機能を見出し（問題発見）、これを追加したり改善することで目的を実現します（問題解決）。

　これは、とてもイメージしやすいと思います。従来は住民票を取得するため役所の窓口が開いている時間に出向かなければなりませんでしたが、遠隔で発行できるサービス「機能」と情報システム「機能」をデザインすることで問題解決したのです。

　もう1つは「意味」をデザインすることです。電話はインターネットに接続することで、個人間の通信手段から世界中の情報へのアクセスプラットフォームという新しい「意味」を持ちました。高級イメージが強かった寿司店は回転することで、若者や家族連れが気軽に行ける場所という新しい「意味」を持ちました。

「問題発見」と「問題解決」は、「機能」と「意味」をデザインすることで実現できるということです。

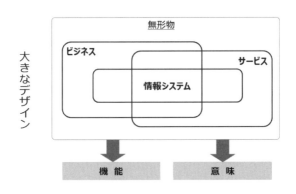

## 「小さなデザイン」と「大きなデザイン」の関係

　本書では「小さなデザイン」とは「モノの色や形などの外観（意匠）を造形するための活動」と定義しました。これは有形物を対象にしていますが、有形物のデザインは色や形だけでは完結しないことに注意が必要です。

　有形物は何らかの「機能」を持っています。掃除機もティーポットもビルディングも爪切りも、機能が外形を規定していますし、また、外形が機能を規定しています。どんなにスタイリッシュな外観でも、使いにくかったり危険なものでは意味がありません。アート作品などは実用的な機能はありませんが、人々に感動を与え社会に問題を提起するなどの機能を持っています。

　逆に、機能さえ満たしていれば私たちは満足するのでしょうか？　そんなこともありません。所有したり日常的に利用するものは、美しく、好感が持てる外観であることを望みます。それは、所有したり利用することに喜びや意味を見出すということです。

　有形物には、色や形に加えて「機能」や「意味」などのデザ

インも含まれているようです。これらを総合的に捉え、それぞれを往復しながら造形していくのが有形物のデザインということになります。

　SONYの『ウォークマン』は1979年の発売ですが、当時、カセットプレーヤーは既に普及しており、ヘッドホンも技術的に目新しいものではありませんでした。『ウォークマン』にはスピーカーはついておらず録音機能すらありませんでした。他のオーディオプレーヤーの方がたくさんの機能があったのです。しかし「屋外で音楽を聴く」という新しい「意味」を作り出すことに成功し、その後の音楽文化まで変えてしまうほどのインパクトがあったのです。有形物の『ウォークマン』では、「意味」もデザインされていたということです。

　ここにきて、ようやく「大きなデザイン」と「小さなデザイン」を繋（つな）ぐものが見えてきました。冒頭で「1990年くらいまでデザインは色と形だった」「その後、問題発見と問題解決に変化した」というお話をしました。
　何か全く別のものがテーブルに載せられてしまったようで、なかなか理解しにくいことだと思います。ですが、従来からモノの色と形のデザインを通じて「機能」と「意味」も同時にデザインしていたということです。つまり「問題発見」「問題解決」という要素はもともとあったのです。
　情報化、ソフトウェア化などを通じた「問題解決」に対する価値意識の高まりがあり、「機能」と「意味」の集合体である無形物のデザインが大きなテーマになりました。その結果「問題発見」「問題解決」が大きくフィーチャーされたということです。
　「大きなデザイン」と「小さなデザイン」は、「機能」と「意味」をブリッジにして繋がっているということになります。

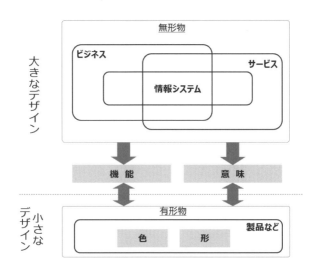

## 創造的な仕事をするためのアナロジカル・デザイン

　デザインは様々な領域に跨り「問題発見」と「問題解決」を行い、1つだけの正解を持たない「厄介な問題」にも有効であることが分かりました。

　そんなデザインの創造性を高めてくれるのがアナロジー思考です。アナロジー思考は「類似しているものから推し量って考えること」です。グーテンベルクはワイン造りのぶどう圧搾機から活版印刷機のヒントを得ています。ラザフォードは太陽系の構造から原子モデルを考案しました。ワイン造りと印刷、広大な宇宙と極小の原子、一見何の関係もないことのように見えますが、異なる領域における類似点に着目することで、発明や発見に繋がった例になります。

これをデザインに適用することで、創造的な「問題発見」や「問題解決」ができるようになります。

　アナロジー思考では、異なる領域を取り込むことによって、いつもと異なるモノの見方ができるようになり、誰も気付いていない問題を発見できます。誰も発見していない問題を解決することは、新しい価値を「創造」することといえます。

## 本質を見出すための具体化と抽象化

　人が何かの目的に向かって活動するときの思考は、ほとんどの場合「具体化」と「抽象化」を繰り返しています。「具体化」とは、漠然とした曖昧なことを細部まで分解して明確にすることです。「抽象化」とは、注目すべき要素を残して他は捨て去ったり、複数のものを、まとめて1つとして扱うことです。これらを効果的にできることがスキルの根源になっています。

　様々な方法論や手法には、この「具体化」と「抽象化」の考え方が含まれていますが、問題を発見し解決するデザインのプロセスも、「具体化」と「抽象化」の繰り返しです。

　アナロジカル・デザインでも「具体化」と「抽象化」は鍵になる概念です。

## 対象とするのは大きなデザインと小さなデザイン

　アナロジカル・デザインは、企業におけるプロセスや戦略などビジネス全般が対象になります。また、企業が顧客に提供するサービスや行政機関による公共サービス、個人が行う目的を伴った様々な活動にも適用できます。加えて、近年、「ビジネ

ス」や「サービス」のあらゆる場面で利用されている「情報システム」も対象範囲に含まれます。

これらは「大きなデザイン」と言われる領域で、デザインという言葉の意味が変化（拡張）したことによって、新たに焦点が当てられるようになったのは前述のとおりです。

一方、「小さなデザイン」と言われ、伝統的にデザインが対象としてきた有形物（モノ）の外観を造形する活動もあります。有形物にも「機能」や「意味」という重要な要素がありましたが、これらもアナロジカル・デザインの対象として扱います。モノの「機能」や「意味」は外観と密接に関係していますので、このような「小さなデザイン」も間接的に対象となります。

それにしても、「大きなデザイン」の範疇は広大すぎてイメージしにくいところがあります。もう少し具体的な領域を見てみましょう。

### ◆ ビジネス

収益を目的にした事業活動の全般が「大きなデザイン」の対象になります。

戦略のレベルでは会社全体の経営戦略。マーケティングやブランド、生産、人事などの機能別戦略。個別の製品やサービスなどの事業戦略などです。プロセスレベルでは調達、生産、販売、保守・運用、財務管理、新製品開発などあらゆるプロセスが対象になります。

プロセスをより細分化した作業レベルもデザインが適用できます。工場における動線のデザインやITシステムのUIなどは作業レベルのデザインということになります。

アナロジカル・デザイン

## ◆ サービス

サービスも対象が広すぎ
て焦点が定まりにくい言葉
ですが、まずビジネスの一
環として提供されるサービ
スが思い付きます。企業が
顧客に提供する有形物は
「製品」、無形物は「サービ

ス」と呼んでいますが、ここでいう「サービス」も「大きなデ
ザイン」の対象領域です。

例えば「宅配」というビジネスを考えた場合、客からは荷物
を送ったり届けてくれるサービスとして見えますが、宅配業者
はこれに加えて、ドライバーの雇用や人件費、トラックの調達
やガソリン代、広告宣伝などビジネス全体の様々な要素を見な
ければなりません。ビジネスを顧客価値の観点から見たものが
「サービス」ということになります。

それでは、ビジネス以外のサービスはどのようなものがある
かということですが、これは非常に多岐にわたります。社会課
題を解決するための活動、国際機関や国、地方自治体などが行
う様々な取り組み、非営利活動などが含まれます。

また、個人や家族での日常生活における様々な活動もサービ
スといえます。学習、進学、就職、結婚、家事、娯楽、貯蓄、
子育てなどです。スポーツや趣味などプライベートのグループ
活動も含まれます

以上のようにサービスは、ビジネスの一環として顧客に提供
する活動と、目的を実現するために個人や組織が行う様々な活
動の2つに分けられますが、どちらも「大きなデザイン」の対
象領域ということになります。

#### ◆ 情報システム

　ソフトウェアなど情報システムも「大きなデザイン」の対象です。情報システムはビジネスやサービスの目的を実現するための手段（ツール）として利用され、現在ではとても大きな影響力を持つようになりました。情報システム自体にも目的があり、開発方法や提供形態なども特徴的で複雑な体系を持っています。これらを考えると、「大きなデザイン」の3つ目の軸として切り出すのが妥当ではないでしょうか。

　これら3つの軸は論理的に定義できるものではありません。それぞれは厳密に区分されるものではなく、含まれていたり、重複していたりします。「大きなデザイン」の内訳を考える時に「ちょうど、塩梅がいい」という感覚的なものです。「塩梅がいい」というのは抽象化レベルが適当で、これらを具体化した時に同じくらいの規模感を持っているのではないかいうことです。

　もう少し、これらの構造について考えてみたいと思います。

#### ◆「大きなデザイン」の構造

「ビジネス」の一環として「サービス」を提供し、その中でのツールとして「情報システム」を利用している。こういった場合、これらには階層構造があります。下位の目的は上位の手段になるという関係です。

アナロジカル・デザイン

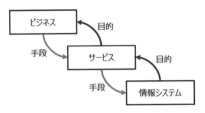

「手段」と「目的」の階層構造

　このような場合でも、各々のレイヤーごとに目的があり、問題やその解決方法も大きく異なります。つまり、「情報システムはビジネスの手段なのでビジネスの中で考えればいい」というものではないということです。情報システムは独立した目的を持っており、抱える問題も特殊なものがあると考えられます。

　これは「サービス」についても同様です。「ビジネス」の一環として「サービス」を提供する場合も、顧客価値に焦点を当てる場合と収益を含めたビジネス全体を考える場合では、大きな違いがあります。

　また「サービス」には「ビジネス」に含まれないもの（公益サービスや個人の様々な活動）も大きな領域を占めています。

　相互に重複する範囲はありますが、この3軸を「大きなデザイン」として捉えると、整理しやすいと思います。

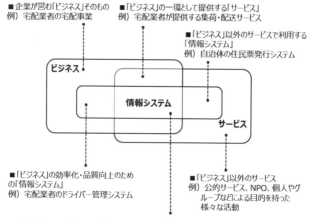

■企業が営む「ビジネス」そのもの
例）宅配業者の宅配事業

■「ビジネス」の一環として提供する「サービス」
例）宅配業者が提供する集荷・配送サービス

■「ビジネス」以外のサービスで利用する
「情報システム」
例）自治体の住民票発行システム

ビジネス

情報システム

サービス

■「ビジネス」の効率化・品質向上のため
の「情報システム」
例）宅配業者のドライバー管理システム

■「ビジネス」以外のサービス
例）公的サービス、NPO、個人やグ
ループなどによる目的を持った
様々な活動

■「ビジネス」の一環として提供する「サービス」のなかで利用する「情報システム」
例）宅配業者が提供する集荷・配送サービスで利用する荷物追跡システム

「大きなデザイン」の3つの軸

　次章からはアナロジカル・デザインの具体的な内容について
解説します。コンセプトにとどまらず、あらゆる人があらゆる
場面で活用できる実践的な方法を提供するのが本書の目的です。
「具体化」と「抽象化」を繰り返し、アナロジー思考で発想を
ジャンプさせる。新しい価値の創造に一歩、踏み出してみてく
ださい。

# アナロジー思考の解説

　アナロジカル・デザインで重要なアナロジー思考と、これを使った問題発見と問題解決がどのように行われるかを解説します。

## 問題発見に威力を発揮するアナロジーを使ったデザイン

　デザインは「問題発見と問題解決を行うための活動」といえます。アナロジカル・デザインはアナロジー思考をデザインに適用し、「問題発見」と「問題解決」を行うものです。

　**アナロジーを使ったデザイン ⇒ アナロジカル・デザイン**

　アナロジーとは「類似しているものから推し量って考えること」です。Aと類似したBがあったとき、Bの特徴を借りてAについて考えたり説明することです。アナロジーは意外と身近なもので、日頃、気付かずに皆さんも使っていると思います。
例)
「就職（A）」と「結婚（B）」…「就職は結婚と似ている」「相手（会社）との相性が大事でお互い幸せで（利益が）ないと長続きしない」
「人生（A）」と「山登り（B）」…「人生は山登りに似ている」「山へ登ったかぎりは、下りなければならない」「下りないこと

を遭難という」

　昔の人が言った名言やことわざにもアナロジーはたくさん見つかります。アナロジー思考はシンプルですが奥が深く、全く新しい観点が得られる思考法です。このような例え話や何かを何かに「見立てる」ことで、私たちは日々新しいモノの見方を獲得しています。著作家の山口周氏は著書『ニュータイプの時代』[4] で "「価値創出」の源泉が「問題を解決し、モノを作り出す能力」から「問題を発見し、意味を創出する能力」へとシフトしている" と述べています。モノがあふれている現代では様々な「解決方法」が既に存在しています。問題を発見し新しい価値を創造する能力がより強く求められています。

　この「問題発見」を強力にサポートするのがアナロジー思考です。新しい観点を得ることで「誰も問題だと思っておらず」「発見することによって初めて問題となる」ようなことを見つけることができます。


## デザイン思考の限界

　デザインが問題解決の手段として有効だという考え方が、2000年以降に一般化したのは前述したとおりです。「デザイン思考」はIDEO社やスタンフォード大学の取り組みが広く紹介され、ビジネスの現場でも「デザイナーのように思考する」ことが行われるようになりました。デザイン思考は1つだけの正解がない「厄介な問題」を解決するために、非常に優れた思考方法です。

　デザイン思考は「厄介な問題」に対処するため「ユーザーへの共感」から「問題定義」し「プロトタイピング」を繰り返すことで、失敗から学んでいくという方法を取ります。そのプロセスは洗練されており、様々な場面に適用できます。

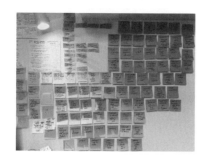

改めてデザインという言葉を定義すると、「問題発見と問題解決を行うための活動」といえます。デザイン思考では問題をユーザーの中に見出します。ユーザーが気付いていない潜在的な問題点を、観察者となり共感することによって、明らかにしていきます。

ここで注意しなければならないのは、出発点はユーザーが既に抱えている問題点だということです。つまり、デザイン思考では、今までに誰も認知していない「問題」を「発見」することには限界があるということになります。もちろん限界があるからといって「無効」というわけではありません。デザイン思考は課題解決型の思考法としては、やはり大変「有効」です。デザイン思考はこの限界を超えることで、さらに進化することができるのではないでしょうか。

## 2種類の「問題発見」

ここで「問題発見」には2種類あることが分かります。

・ユーザーなど他者が抱えている問題から、真の問題点を顕在化すること

・ユーザーを含め、誰も気付いておらず、発見することによって初めて問題となる事象を顕在化すること

## 2種類の問題発見

デザイン思考 　　　アナロジカル・デザイン

| ユーザーの問題 | 誰も気づいていない問題 |
|---|---|
| ユーザーなど他者が抱えている問題から、真の問題点を顕在化する | ユーザーを含め、誰も気づいておらず、発見することによって初めて問題となる事象を顕在化する |

　ヘンリー・フォードは、「もし顧客に、彼らの望むものを聞いていたら、彼らは『もっと速い馬が欲しい』と答えていただろう」と言ったそうです。寿司店の常連客にいくらインタビューしても「回転寿司」のアイデアにはたどり着けそうにありません。1990年代に携帯電話のユーザーがイメージした未来の携帯電話は、ボタンの数がさらに増えたものだったのではないでしょうか。

　フォードは「高速馬車王」ではなく「自動車王」になりました。白石義明氏（実業家。回転寿司の発案者）はビール工場の見学から回転寿司のヒントを得ています。皆さんが持っている多機能端末からボタンはなくなっています。

　これらはすべて「誰も気付いておらず」「発見することによって初めて問題となる」ことを顕在化し、それを解決した例になります。このような行為をここでは「創造」といいます。ユーザーのことを精緻に調べ分析を尽くしても、これらの「創造」は実現しなかったのです。

　傘のデザインも「誰も気付いておらず」「発見することによって初めて問題となる」ことを顕在化した例になります。

傘が発明される前は、雨が降ったら濡れるのが当たり前で、そのことを誰も問題だとは考えていなかったのです。傘を発明した人が初めて「雨が降って濡れるのは問題である」という気付きを得たわけですが、これが「問題発見」になります。この気付きこそが創造的イノベーションの第一歩です。AIが日常的に利用され、量子コンピューターの開発が本格化した現在でも、傘は私たちにとってなくてはならないものです。

「発見することによって初めて問題となる」ことを見出すのが「創造」の手がかりらしいということは分かりました。では、それはどのように行えばよいのでしょう？　それには、全く新しい観点が必要になります。

## 異分野の繋がりを見つけるアナロジー思考

「AとBが似ている」と言うとき、私たちはどのようなことを考えているのでしょうか？「鳥と飛行機が似ている」「秘書とマネージャーは似ている」……などなど。

　鳥と飛行機は「空中を移動する」という目的が同じです。秘書は社長の、マネージャーは芸能人などのスケジュール調整や外部との調整を通じてサポートし、本人の能力を最大化するという意味では一致しています。

　アナロジー思考は次ページのような構造になっています。

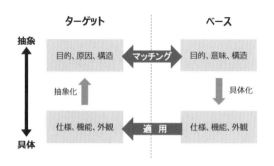

アナロジー思考の構造

　自分が問題を発見し、解決したいモノやコトを「ターゲット」といいます。ターゲットの目的や構造など抽象化したレベルで似ている領域を見出します。これを「ベース」といいます。この関係性からアイデアを発想します。ベースではどのように目的や構造が実現されているのかを具体的に検証し、その「実現のされ方」をターゲットに適用できないかを探ります。
「鳥」と「飛行機」は異なる領域（動物と機械）ですが目的は一致しています。飛行機（ターゲット）の翼は鳥（ベース）の翼の断面を真似ることで揚力を発生させています。「傘」の例でいうと「上空から降ってくるものを防ぐ」という点で似ているものを見出したのではないでしょうか。既に発明されていた「日傘」のアナロジーで「雨傘」が発明された可能性があります。降り注ぐ「日光」を「雨」に見立てて、防水などの機能を施したものが、今、私たちが使っている「傘」になったのではないでしょうか。
　このように一見、遠い世界や正反対の世界が目的や構造で繋がっていることを見つけることができると、新しい観点が生まれ、その領域から多くのアイデアを発想することができます。

　ターゲットとベースは抽象化したレベルで似ているということになりますが、この抽象化とは何でしょうか？　なぜ、抽象化しなければならないのでしょう？
「抽象化」とは「対象から注目すべき要素を重点的に抜き出して他は捨て去る方法」です。あるいは「複数のものを、まとめて1つとして扱う」「複数の要素間にあるパターン（法則）を見つける」こととともいえます。

　モノやコトについて、このような「抽象化」を行うことで対象の本質が見えてきます。本質というのは「目的」や「意味」などのことで、このレベルで似ているものからは優れたアイデアを発想することができます。

　携帯電話は100年以上続く電話機の進化系です。機能が増える度にボタンの数も増えていきました。この「ボタンの数」のような具体的なレベルで考えていると、「さらにボタンを増やそう」となってしまいます。それまでは個人対個人の通信手段だった電話機はインターネットと接続したとき、世界中のあらゆる情報にアクセスするためのプラットフォームという新しい「意味」を持ち始めていました。

　このような本質を理解していたのは、既にインターネットへのアクセス手段となっていたパソコンを作る会社でした。電話会社はどこまで行っても「電話機」の延長としてしか捉えられなかったのかもしれません。

　ここで「抽象化したレベル」と言っていますが、大前提として「抽象化」するためには「具体化」された情報が必要です。携帯電話やパソコンについて正しい観点で抽象化するためには、まず、それらについて「具体的」な知識が必要です。「具体化」とは、漠然とした曖昧なことを細部まで分解して明確にすることです。自分が長年携わってきた仕事や製品などについて

も、意外と「具体化」されていないことが多く（ある特定の面についてだけ具体化され、他は漠然としている）、改めて客観的に具体化することは、新しい発見に繋がります。

　もちろん、単に「抽象化」したレベルでの類似性を発見しただけでは、問題解決にはなりません。携帯電話とパソコンの相違点を見極め、パソコンにおける実現方法について細かく検証する必要があります。

　既にパソコンでは、マウス操作によってディスプレイ上の情報に自由にアクセスすることができていました。ノートパソコンにはマウスの代わりに「タッチパッド」が付いていて、指の動きでディスプレイにアクセスすることが可能でした。これらの技術について個別に「具体的」に検証していく過程で、タッチパネルを備えた携帯端末という形に収束していったのではないでしょうか。

　このように「問題発見」と「問題解決」のプロセスは「具体化」と「抽象化」からなっています。これを繰り返すことによって正しい問題を見つけ、正しい解決を見つけます。

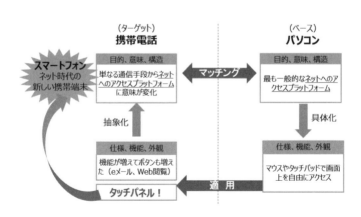

アナロジー思考における「具体化」と「抽象化」

## 鍵となる具体化と抽象化

　アナロジー思考では「具体化」と「抽象化」が鍵になっていますが、考えてみると、多くの「方法論」や「手法」と呼ばれるものは「具体化」と「抽象化」の繰り返しから出来ています。

　KJ法[5]における「探検〜観察」は「具体化」に当たり、「発想〜推論」は「抽象化」で、続く「実験計画〜観察」でもう一度「具体化」し、最後に「検証」で「抽象化」するという流れになっています。デザイン思考におけるインタビューなどを通じた「共感」は「具体化」、ここから「問題定義」するのは「抽象化」、コンセプトを拡大する「創造」は「具体化」、「プロトタイプ」で物質世界に落とし込み「テスト」で解決策を評価するのは「抽象化」となります。

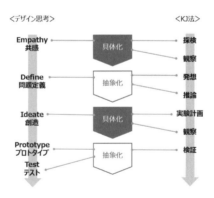

デザイン思考とKJ法における「具体化」と「抽象化」

　私たちの身近でも意識せずに「具体化」と「抽象化」を繰り返している例はたくさんあります。例えば「引っ越し」です。新しい家に引っ越すことを考えたとします。最初、インターネットの物件情報などを手当り次第に集めます。この段階では自分が求めるものが曖昧なこともあると思いますが、これが

「具体化」です。徐々に集めた情報から引っ越し後のイメージを掴んでいきます。「どんな街で」「どんな部屋に」住みたいか。多くても数個のイメージに収束しているはずです。ここが「抽象化」です。そこで、不動産屋に行って、実際に物件を見て回ります。インターネットで調べた物件に加えて不動産屋から紹介された物件なども巡るうちに、最初「いいな」と思っていた物件は意外と周囲の騒音が気になったり、実際に足を運ぶことで、全然知らなかった街の物件が気に入ることもあります。これはもう一度「具体化」していることになります。最終的にはそれらを総合して評価し、1軒に絞り込む「抽象化」を行います。

　あらゆる活動の中で、人類は「具体化」と「抽象化」を繰り返してきたと考えられます。それがデザイン方法や発想法に適用されたときに「方法論」と名付けられ体系的に整理されますが、もともと、人間にとっては至って自然な思考方法なのだと思います。


## 課題意識と仮説

　さて、ここまで「創造的イノベーション」を実現するためには、アナロジカル・デザインが有効だ、というお話をしました。そのためには「具体化」と「抽象化」が鍵になるということもお話ししました。しかし……しかし、「ターゲットの本質を見極めるために抽象化しましょう」「抽象化したレベルで類似した領域を探してマッチングしましょう」「そうすると誰も発見できなかった問題が見えてきます」と言っても、「そんなの簡単にできるわけないだろう！！」と思いませんでしたか？

　私も全く同じように思います。

　それが、本書の出発点です。

　アナロジー思考にしても、その中で行う「具体化」や「抽象

化」にしても、難易度が高く「センスのある人にはできる」というものなら、結局は「イノベーションは天才が起こすもの」ということになってしまいます。

　ここでは「イノベーションは天才だけが起こすものではない」という仮説から出発します。この仮説を検証していくのが、本書の目的になります。そのためには分かりやすい「メソッド」が効果的でしょう。様々なチャレンジの「事例」から学ぶことも重要です。

アナロジカル・デザイン・メソッドとは?

# アナロジカル・デザイン・メソッド

　アナロジカル・デザインもコンセプトを理解しただけでは、なかなか実際に活動を始められません。アナロジー思考をデザインに適用するといっても、概念的なものだけでは、手をつけることができません。

　天才ではない普通の人がクリエイティブな仕事をするためには、標準的な方法を体系的に整理したメソッドが有効です。メソッドを参照することでとにかく活動を開始することができます。人間の活動の多くは標準化されたメソッドに沿って行われています。建築、医療、製造、情報システム開発、教育、農業……メソッドはあらゆる産業の基盤になっており、その発展を支えてきました。

　もちろん、メソッドには限界があります。利用することで成果を約束するものではありません。しかし、メソッドがあることで活動を開始することができ、実績を通じて学び、軌道修正することが可能になります。

　初めに、メソッドの意義と同時に限界を確認します。そのうえで、アナロジカル・デザイン・メソッドの基本となる3つの特徴について解説します。

・ダブルダイヤモンドによる問題発見と問題解決
・本質を把握するための具体化と抽象化

・問題発見の鍵となるターゲットとベースのマッチング

　ここでは、メソッドを使ったデザインの進め方についてのイメージを掴みます。また、メソッドを使用する際の注意事項を押さえます。


## メソッドの意義と限界

「メソッド（Method）」と「方法論（Methodology）」は厳密には異なるようですが、ここでは同義語として扱います。メソッドは目的を伴った活動について、その目的を達成するための方法を体系化したものです。標準化された方法で実行することにより、特殊な能力がなくても目的を実現できるというわけです。このようなメソッドは世の中に数多くあり、私たちはその恩恵を受けて暮らしています。

　ビーフシチューのレシピがなければ、初めて作る人は厨房に立ち尽くしてしまいます。受診する病院ごとに診察方法や治療方法が異なっていたら、私たちはとても不安を感じるはずです。レシピというメソッド化された方法があるので、味はさておきビーフシチューを作ることができます。診察や治療の方法が標準化されているので、健康という重要事を医療機関に託すことができます。

　先ほど「目的を達成するための方法を体系化したもの」がメソッドといいましたが、さっそく修正が必要なようです。料理のメソッド（＝レシピ）は美味しい料理を作ることを目的に体系化されていますが、それを保証するものではありません。手順を踏んでいけば「とりあえず作ることができる」というものです。しかし、これでも画期的なことです。「作ることができない」から「作ることができる」へは大きな飛躍で、全く次元が異なります。

　同じように、診察や治療の方法論を厳格に実施しても治癒を保証するものではありません。でも、診察や治療が可能なのは方法が確立しているためです。どうやらメソッドは「目的を実現する」ためのものではなく、「目的を実現するための準備を整える」ためのものといえそうです。

　もう1つ、メソッドの大きな意義は、自分の活動を客観的に評価することができるということ

とです。標準となる方法があるので、それとの比較で自分の活動を振り返ることができます。レシピどおりに料理を作らなかったので上手くいかない場合もありますが、逆に思った以上に美味しくなったり、短時間でできることもあります。「やはり、あの調味料を入れないと味が締まらない」とか「下準備に時間をかけなくても結果はあまり変わらない」と振り返ることができるのも、レシピがあるからです。

　ビジネスやデザインにおけるメソッドも同じで、必ずメソッドどおりに行う必要はありません。その場合でも「このやり方を変えたので」「結果がこうなったのではないか」という評価が可能です。

　そして、このレシピで料理を作る人が大勢いるということも重要です。多くの失敗談や成功談が蓄積されますが、多くの場合、これらはレシピと関連付けられています。他の人が過去に行った経験を活かすことができるのも、メソッドがあるからです。つまり、同じメソッドを利用する人が多いと、その実績は資産として後の世代に引き継がれるということです。天才が独創的な方法で実現した成果も、メソッド化されなければ簡単に

真似ることができないので、受け継ぐことは困難です。

　そして、たぶん、一番大きな意義はコミュニケーションが可能になるということです。同じメソッドを参照している者同士は今の活動がどこまで進んでいるかを理解することができます。複数人のチームで活動する場合、これは決定的に重要です。

　レストランの厨房で下ごしらえした食材を別の担当者に渡して「あと、よろしく！」といえるのも、同じメソッドを参照しているからです。食材を渡された者はどこまで加工が進んでいるか分かっているので、すぐ次の作業に取りかかれます。

　メソッドを共有していれば、同じ活動をしている他のチーム（や個人）と意見交換も可能になります。「うちのチームでは〇〇工程でもっと時間をかけている」という会話もメソッドがなければ成立しません。

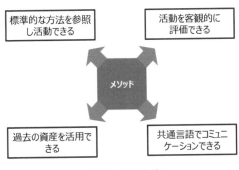

メソッドの意義

　このようにメソッドは、目的を実現するための方法を体系化したものですが、目的の実現を保証しているものではありません。しかし、方法が分かることで活動に取り組むことができ、目的を実現する準備が整います。そして、メソッドとの比較で活動を振り返り、客観的に評価することが可能になります。また、メソッドを共通言語として過去の資産を活用したり、チームメンバーや他者とコミュニケーションが可能になります。

以上はメソッド一般についていえることですが、アナロジカル・デザイン・メソッドにおいても、これらの点は共通しています。

　アナロジカル・デザイン・メソッドも他のメソッドと同様に、「目的を実現するための準備を整える」ものです。創造的なデザインを保証するものではありません。しかし、アナロジー思考を使って新しい観点を獲得することができ、正しく問題発見と問題解決を行うための道標にはなります。

　アナロジカル・デザインが対象とするのはビジネス、サービス、情報システムに加えて有形物全般も含みます。このような広範囲を対象とするので、メソッドは抽象度を上げた表現になっています。各々の活動において対象とするモノやコトに即した解釈をしながら進める必要があります。

　また、対象とするモノやコトによっては実施する必要のない項目も出てきます。例えばビジネスやサービスを対象としているとき、色や形を検討する必要はありません。不要と思われる箇所はスキップしてください。

## アナロジカル・デザイン・メソッドの特徴

### ◆ ダブルダイヤモンドによる問題発見と問題解決

　本書ではデザインを「問題発見と問題解決を行うための活動」と定義しています。経済的な発展途上においては問題点が明らかで、これを解決する方法が求められました。生産力を高め利益を得る手段が求められたのです。社会が成熟すると製品やサービスがいきわたり問題解決が進みます。価値観も多様化しますが、社会の常識や慣習は固定化されてしまい、何に不満を持っているのか見えにくいというのが現在の状況です。そんな時代には、問題の解決方法よりも新しい問題を発見すること

の重要性が高まっています。

　アインシュタインは「私は地球を救うために1時間の時間を与えられたとしたら、59分を問題の定義に使い、1分を解決策の策定に使うだろう」と言ったそうです。D.A.ノーマンは著書『誰のためのデザイン？』[6]で「間違った問題への見事な解決は、まったく解決がないよりもたちが悪いものになりかねない。正しい問題を解こう。」と述べています。どちらも「問題発見」の重要さを指摘したものです。

　アナロジカル・デザインでは創造的なデザインのために、正しい問題を発見することが何よりも重要だと考えています。そのため、メソッドも「問題発見」と「問題解決」という大きな要素から構成されており、「ダブルダイヤモンド」というデザインの方法に基づいています。このダブルダイヤモンドは2005年に英国デザイン協議会[7]が初めて導入しました。

　アナロジカル・デザインでは最初のダイヤモンドで「問題発見」を行い、中央の長方形でこの問題を定義します。次のダイヤモンドで「問題解決」を行います。

　それぞれのダイヤで線が広がっているフェーズは"発散"することにより「具体化」します。ダイヤの線が閉じているフェーズは"収束"する「抽象化」フェーズです。「問題発見」と「問題解決」でそれぞれ「具体化」と「抽象化」を行います。図では「具体化」と「抽象化」を1回ずつ行っていますが、「問題発見」に至るまで複数回繰り返しても構いません。「問題解決」においても同様です。

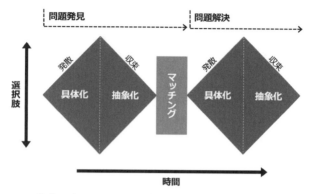

ダブルダイヤモンドモデルをベースにしたメソッド

## ◆ 本質を把握するための具体化・抽象化

具体と抽象のイメージ

　ものを考えて結論（結果）を得る、という活動に「具体化」と「抽象化」は欠かせません。この方法は自然科学はもちろん、文学や芸術などの領域でも絶大な効果を発揮してきました。

　自然科学はその名のとおり自然を観察したり実験で再現することで「具体化」し、その結果を「抽象化」することで法則や理論を構築する活動です。自らの経験や取材を通して「具体化」した人間の営みに基づき、これを文章という形式で「抽象化」したのが文学です。音楽は抽象化の手段に「音」を使い、

絵画は「キャンバスと絵の具」を使うという違いはありますが、創作者の頭の中で「具体化」と「抽象化」が行われていることに違いはありません。自然科学も文学も芸術も、単に与えられた問題を解いているのではありません。自らが問題を設定しそれを解決していくものです。

　このように単一の答えがない領域では、論理的に考えるだけでは問題点も明らかになりませんし、また、解決方法にもたどり着けません。デザインが対象にする領域も、同じように問題自体が曖昧で1つの答えというものがありません。そこで、アナロジカル・デザインのメソッドにおいても「具体化」と「抽象化」を繰り返す構造になっています。

　物事の本質的な意味や目的を明らかにするために「抽象化」を行いますが、そのためには具体的な材料がなければできません。自然科学の場合は実験結果、文学の場合は人生経験にあたります。なので、最初にターゲットを適切に「具体化」し、次に「抽象化」するというステップを踏みます。問題発見においても問題解決においてもこの本質レベルをきちんと押さえる必要から、具体化と抽象化を繰り返す構造になっています。


### ◆ 問題発見の鍵となるターゲットとベースのマッチング

　問題を発見し解決したい物事が「ターゲット」ですが、「ターゲット」の目的や構造など、抽象化したレベルで似ている領域を「ベース」といいます。この「ベース」を見出すのが「マッチング」です。

　単に類似しているだけでなく「ベース」の目的や構造を「ターゲット」に取り入れることで、有意義な特性が生まれることがポイントです。「マッチング」が成立するということは「ターゲット」に取り入れるべきカケラが見つかるということです。つまり「ターゲット」に欠けていた部分を顕在化することになり、これが「問題発見」になるということです。「ター

ゲット」の問題を発見するときに「ターゲット」のことだけを考えるのではなく、「ベース」との類似点から検証することで新しい観点を獲得します。このように「問題発見」にアナロジー思考を使う点がアナロジカル・デザインの一番大きな特色です。

　ターゲットにないがベースには有るという要素を発見することで、ターゲットの問題をあぶり出していきます。問題が定義できたら、2つ目のダイヤで解決方法を探ります。

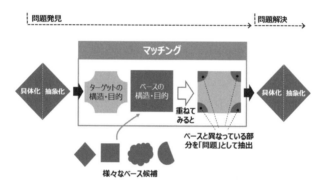

マッチングの考え方

　ここまで「ターゲット」の具体化と抽象化から始めて「ベース」とマッチングするプロセスについて述べましたが、最初に「ベース」の具体化・抽象化を行い「ターゲット」とマッチングするという方法もあります。この場合、自分の好きな領域や詳しい領域について、具体化と抽象化を行い本質レベルで把握します。これを「ターゲット」に適用できないかマッチングするというプロセスになります。

　前者を「プロセスA」、後者を「プロセスB」と呼びます。本書では「プロセスA」に関する記載になります。

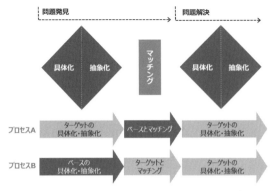

ターゲットが先か？ ベースが先か？ 2つのプロセス

## メソッドの構造

　アナロジカル・デザインはダブルダイヤモンドに沿って進めますが、これは5つの「フェーズ」に分解することができます。時間軸に沿って5つの「フェーズ」の概要を確認します。また、物事を把握する際に有効な4つの「特性分類」について解説します。この「特性分類」は「フェーズ」を通して参照します。

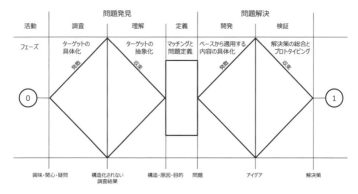

アナロジカル・デザインのメソッド全体図

出典：“How to apply a design thinking, HCD, UX or any creative process from scratch”
　　（Dan Nessler、2016）を参考に本書の内容に合わせて改変。P60、P128、
　　P190、P226、P262も同様。

　フェーズ1から3までで問題発見を行い、フェーズ4と5で問
題解決を行います。

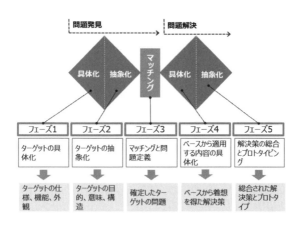

フェーズ概要

## ◆ フェーズ１：ターゲットの具体化

　ターゲットの問題を発見するために、様々な観点からターゲットを具体化するフェーズです。具体化とは漠然とした曖昧なことを細部まで分解し明確にすることです。ターゲットのことをよく知っていると思っていても、ある特定の面だけに詳しく、他は漠然としているということもあります。漠然と曖昧になってしまうのは、どのような観点で捉えればよいかが分からないということが原因として考えられます。

　アナロジカル・デザインでは、後述する４つの「特性分類」を示しています。ターゲットの仕様や機能、外観などを客観的に具体化することで、ターゲットに関する理解を深めます。


## ◆ フェーズ２：ターゲットの抽象化

　フェーズ１で具体化した内容を基にこれを抽象化し、ターゲットの本質を掴みます。抽象化には複数の要素間にあるパターン（法則）を見つけ構造化したり、複数のものをまとめて１つとして扱ったりする方法があります。また、大事な要素を抜き出して他は捨て去ることも重要です。

　具体的な事象を「手段」と捉え、「何に貢献しているか？」を考えることで「目的」を把握します。また、具体的な事象を「結果」と捉え、「なぜ、そうなっているか？」を考えることで「原因」を把握します。

　抽象化は、「正解」「不正解」のようにデジタルに分けられるものではありません。自らの価値観で重要と思われる意味や目的を抽出することが重要です。


## ◆ フェーズ３：マッチングと問題定義

　ターゲットと類似している領域である「ベース」を探索しま

す。フェーズ2で抽出した構造や目的レベルで類似した領域です。ベースはターゲットに対して新しい観点を与えるものになります。メソッドではこのようなベース候補をどのように抽出してくるかについて解説します。

　マッチングの過程で、相手であるベースとの比較からターゲットに欠けている部分が見えてきます。また、類似しているけれどベースの方が進んでいたり深掘りされている場合もあります。

　このようなベースとのギャップをターゲットの問題として認識し、文章で表現することにより問題を定義します。

## ◆ フェーズ4：ベースから適用する内容の具体化

　フェーズ3で定義した問題を出発点に「発散」することで、ベースからターゲットに適用する要素を明らかにし、その効果や意義を検証します。ターゲットとベースが構造や目的など抽象度の高いレベルで類似していても、実現手段である、機能や仕様、外観などがターゲットとは異なっていたり、そもそも存在しなかったりします。この違いや欠落をベースから持ち込むことで、ターゲットの新しい姿を構想します。

## ◆ フェーズ5：解決策の総合とプロトタイピング

　フェーズ4で抽出されたベースから、ターゲットに適用する内容を総合します。このとき、すべてを総合するのではなく、有効なものを選択・抽出します。

　総合された解決策により、フェーズ3で設定した問題が解決しているかを検証します。そのうえで、解決策をプロトタイピングの手法で抽象化します。無形物の場合は、ストーリーボードで他者に説明できる形に仕立てます。有形物の場合は、ペーパープロトタイピングの手法を用います。

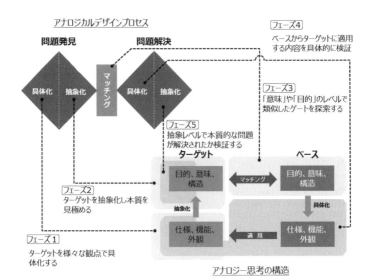

フェーズ1からフェーズ5は、必ず1回ずつ行わなければならないものではありません。納得できるアウトプットができるまで、問題発見を繰り返しても構いませんし、問題解決を繰り返すことも可能です。フェーズ4とフェーズ5を実施してみて、上手く問題解決が図れない場合はフェーズ3まで戻り、マッチング先を変更することも検討してください。

また、必ずフェーズ5までたどり着かなければならないというものでもありません。例えば、フェーズ1とフェーズ2を行うことで、モノやコトを抽象化したレベルで把握することができます。これをライブラリー化しておくことで、ベースの候補として利用することもできます。

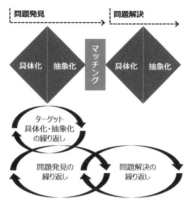

繰り返し実行のイメージ

## 物事を把握するための4つの「特性分類」

　アナロジカル・デザインでは、以下のような特性分類から
ターゲットを捉えています。

・ビジネス特性

・空間的特性

・時間的特性

・社会的特性

　アナロジカル・デザインが対象とする領域は、ビジネス、
サービス、情報システムに加えて有形物全般も含みます。例え
ば、ビジネス上のあるサービスをデザインする場合もあれば、
個人が使う日用品をデザインする場合もあります。非常に広範
囲のモノやコトを対象にするので、これらに共通して利用でき、
かつ、的確に捉えることができる観点が必要になります。ター
ゲットとなるモノやコトを的確に具体化し抽象化するために、
上記の特性を把握することを提案しています。

　ただし、ターゲットとするモノ・コトによって特性の重要性

は変わってきます。ビジネス上のサービスの場合は当然「ビジネス特性」の重要度が高くなります。ただ、「社会的特性」に見落としていた大事な要素が含まれているかもしれません。個人が使う日用品では「ビジネス特性」の重要度は高くないかもしれません。一方、外観がポイントになるなら「空間的特性」が重要になります。時間とともに変化したり減少したり、利用プロセスに独自性がある場合は「時間的特性」が重要になってきます。

　ターゲットによって4つの特性の重要性は異なってきます。該当する特性が全く抽出されない場合もあるかもしれません。その場合はスキップして構いません。ただし、一度は各々の特性でターゲットを見つめてみることをお勧めします。先入観にとらわれず、ターゲットを見たときに思わぬ発見があるかもしれません。

◆ **ビジネス特性**

　ビジネスからターゲットを捉える観点になります。顧客特性、バリューチェーン特性、製品・サービス特性、財務特性、エコシステム、生産特性、販売特性などの観点からなります。

　ビジネスの世界では様々な特性について検証が進んでおり、ビジネスモデルとしての成功パターンや業界の常識のようなストックがたくさんあります。ビジネス特性を把握することで、これらのストックと比較が可能になります。同じ業種・業態のビジネスに準じた特性を持っているのか、それとは違った特性があるのかを理解することで、ターゲットの本質を把握します。

#### ◆ 空間的特性

この世のあらゆるものは「空間的」に存在しており、かつ「時間的」に存在しています。この二軸で捉えることで、漏れなくターゲットを把握します。

有形物においては外観や色などの物理的構造が重要になります。無形物には物理的構造はありませんが、固有の働きである機能的構造があります。また、ターゲットを「利用する人」や「提供する人」というように人間が関わっているので人的構造があります。

ターゲットを空間的な広がりという観点で見たときには、このような物理的、機能的、人的な構造が重要になります。さらに、物理的、機能的、人的な構造は各々が関連しているので、これらの結び付きも重要な空間的特性になります。空間的特性を明らかにすることで、ターゲットの特性を理解します。

#### ◆ 時間的特性

順序や時間経過によって発生する事象に焦点を当てるのが時間的特性です。デザインされるモノやコトは何らかのかたちで利用されます。この利用の過程はターゲットの特性を現しています。また、利用者が利用を開始する前の段階にも時間的な過程があります。製品が作られたり、サービスが導入されたりする提供の過程にもターゲットの特性が現れます。

アナロジカル・デザイン

さらに、歴史的な経緯も重要です。ターゲットが初めて登場してから、どのような経緯を経て現代に至ったのか。発明や普及の過程における技術革新や社会とのかかわりを追跡することで、ターゲットの特性を捉えます。

### ◆ 社会的特性

　デザインするものは何らかのかたちで社会との接点を持っています。社会とのかかわりの中で法律や慣習などにより制約を受けている場合があります。このような制約を検証することでターゲットの特性を理解します。

　また、ターゲットは利用者に便益を与えるにとどまらず、社会全体に貢献している場合もあります。反対に社会にリスクを与えている場合もあります。一部の利用者には利益があるが、その他には弊害があるという場合です。

　以上、4つの特性はフェーズ1からフェーズ5まで必要に応じて参照します。4つの特性からいずれかを選択して検証することも可能です。フェーズごとに満足のいくアウトプットがあれば先に進みます。満足がいかない場合は特性を替えてやり直します。

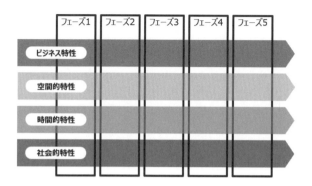

フェーズを通して参照する4つの「特性分類」

メソッド解説

# フェーズ１　ターゲットの具体化

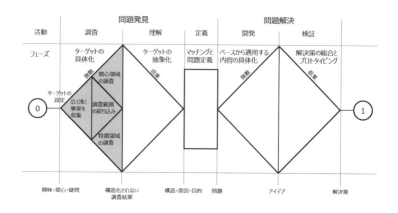

　ターゲットの問題を発見する準備として、まずはターゲットのことを理解します。ターゲットのことは、自分ではよく理解しているつもりかもしれませんが、実際には漠然としか分かっていなかったり、部分的には詳しいけれど、他の部分についてはさっぱり理解していないということがよくあります。

　そして気を付けなければならないのは「先入観」や「固定観念」です。昔から馴染（なじ）んでいたり得意分野だと思っているモノゴトは、必ずといっていいほど「先入観」や「固定観念」を通した目で理解しています。問題発見には、第一に「先入観」や「固定観念」を捨てなければなりません。

　ところで、モノゴトを「理解する」というのはどういうことでしょう？　表面的な漠然としたイメージでは理解しているとはいえません。イメージを鮮明な事実情報にしていくことが重要です。「具体化」とは漠然とした曖昧なことを細部にまで分解し明確にすることですが、「理解する」ためには「具体化」が強力な武器になります。

　そして「先入観」や「固定観念」にとらわれることなく具体

化するためには、全方位的に具体化することが重要です。自分の興味のあるところや詳しいところだけを具体化しても、新しい気付きは得られないばかりか、逆に「先入観」や「固定観念」を強化してしまう可能性もあります。

　全方位的に具体化するための道標が、先に述べた4つの「特性分類」になります。4つの「特性分類」ごとに質問に答えることでターゲットを全方位的に具体化します。そのうえで「興味・関心」や「特徴的」なところに焦点を当て、詳細な調査を進めます。

　このフェーズは問題発見を始めるための助走になります。なので、「これは改善した方が良い」「これはとても優れているところだ」などの価値判断を行わないことがポイントになります。気持ちをニュートラルにして、あまり考えすぎずに進めます。

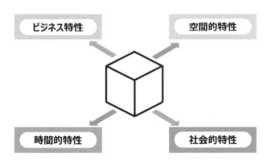

ターゲットを4つの「特性分類」で具体化

## 1-1　ターゲットの設定

　まずは「ターゲット」を設定します。日頃からチャレンジしてみたいと思っていたり、問題意識を持っているモノゴトがターゲットになります。なので、単純にモノやコトの名称を設

定してください。

　それらをどのようにしたいのかということも、漠然と考えが
あるかもしれません。例えば「○○を改善したい」とか「今ま
でにない○○を実現したい」などです。でも、ここではそれに
縛られることなく、発想を広げることが重要なので、対象を示
す名称だけ、まずは押さえておきましょう。

　検討を進めるうちに、この名称がしっくりこなくなることが
あったら、いつでも変更して構いません。

　さあ、それではスタートです！


## 1-2　広く浅く事実を収集

　ターゲットに関する事実を広く浅く収集します。あまり時間
をかけずに、自分の知っていることや簡単に調べられる範囲で
行います。

　その時に着目するのが4つの「特性分類」です。

・ビジネス特性
・空間的特性
・時間的特性
・社会的特性

　これらの「特性」は、さらに複数の項目に分割されています。
項目ごとにターゲットにあてはめて確認し記述していきます。
記述する事実は1項目あたり1〜2行の短い文章で結構です。
様々な観点でターゲットを見つめ直すのが目的なので、長文で
ある必要はありません。正確性も「だいたい」「たぶん」のよ
うなレベルで十分です。1項目について15分以上時間をかけな
いようにします。

　項目によってはターゲットに当てはまらないものも出てきま
す。その場合は「該当なし（N/A）」として次に進みましょう。

ここでは、事実情報の断片「リーフ」をできるだけまんべんなく集めます。

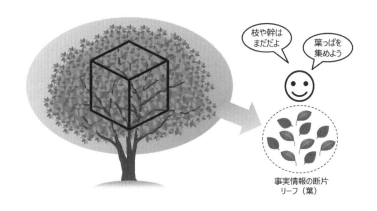

枝や幹はまだだよ

葉っぱを集めよう

事実情報の断片
リーフ（葉）

　既存のモノゴトをターゲットとする場合は「事実」情報を記述していけばよいのですが、まだ、この世に存在しないモノゴトをターゲットとする場合は、そのターゲットが所属する領域や分野についての「事実」情報を収集してください。例えば、今までにない全く新しい「自動車」を構想する場合も、「自動車」に関する事実情報を収集します。領域や分野さえ存在せず、新しく構想するような場合には、自分で「想定」するもので結構です。

　グループで取り組む場合は特性ごとに担当を分け、できるだけその分野に明るい人が行うようにします。4つの「特性分類」は観点を例示することで、その分野に詳しくない人でもターゲットを把握することができるようにアシストするものです。なので、1人で取り組んでも、もちろん大丈夫です。

　面白い観点があれば項目を追加して結構です。読み替えて別の意味として使ったり、カスタマイズしても結構です。自由に活用してください。

　4つの「特性分類」については以下のページに詳細がありま

すので参照してください。

　収集した事実情報は大きめの付箋紙を用意してこれに書き溜（た）めてもいいですし、Excelシートで一覧表のように整理しても結構です。最下位の項目レベル（1-2-X-X-X）にある質問（Q1、Q2など）ごとに付箋紙1枚、または、Excel1行が基本です。質問項目に対する回答を書き留めていきます。質問をカスタマイズした場合は変更内容も忘れずに書き留めておきましょう。

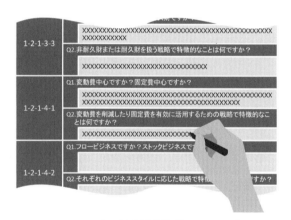

Excelによる事実情報整理のイメージ

（どうぞ、パソコンで入力してください）

## 1-3　調査範囲の絞り込み

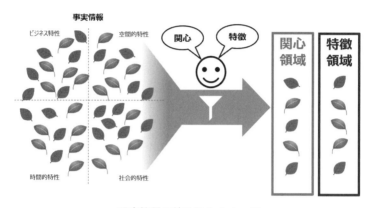

調査範囲の絞り込みイメージ

　1-2で収集した事実情報は、付箋紙やExcelシートで整理されています。整理されているといっても4つの「特性分類」ごとにグループ分けされているレベルで十分です。

　ここまで、ターゲットを全方位的に把握してきました。さらに調査を進めるために、優先順位を付けて調査範囲を絞り込んでいきます。優先順位をつける際の1つの観点は「関心」です。「関心」というのは、興味がありよく知りたいという気持ちのことですが、これは「自分が」そう思うか否かなので主観的な感情です。ですので、自分の主観的な気持ちを優先します。

　もう1つの観点は「特徴」です。「特徴」というのは、他と比べて目立っている点、際立っているところです。これはどちらかというと客観的なものですが、判断するのは自分自身なので、「これは誰に聞いても特徴的だよなぁ」というものをピックアップします。

　1-2で収集した事実情報を、この2つの観点で評価していきます。事実情報の付箋紙1枚、または、Excelの1行ごとに

「関心」と「特徴」をポイント付けしていきます。「関心」と「特徴」を各々5点満点で評価します。自身の関心が高いほど、または特徴が際立っているほど、高いポイントを付けるということです。

「関心」はあるけれど「特徴」とはいえないものもあると思います。反対に、明らかにターゲットの「特徴」ではあるけれど、特に「関心」はないというものもあるでしょう。もちろん、「関心」と「特徴」が一致するものもあると思います。

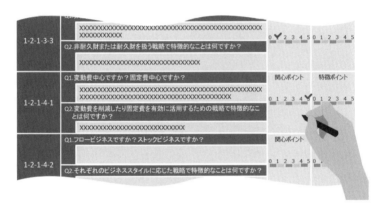

ポイント付けのイメージ

1-2-X-X-Xのレベルで項目の数は56個あるので、基本はこのレベルでポイントを付けていきます。スキップした項目がある場合はこれより減っているかもしれませんし、分割したり追加した項目がある場合は増えている可能性もあります。「関心」「特徴」どちらから始めてもいいのですが、どちらかの評価を始めたら最後まで評価してしまいます。1つの項目で「関心」と「特徴」を同時に評価せず、どちらかの評価が終わったら最初からもう一方の評価を行います。

「関心」と「特徴」のポイントを付け終わったら、各々でポイントの高い順でソートします（付箋紙の場合は「関心」と「特

徴」で2回手順を繰り返すか、付箋紙を2セット用意するかです）。ソートしたらポイントの高い順から「関心」と「特徴」各々で5枚（行）ピックアップします。計10枚（行）ピックアップすることになりますが、「関心」と「特徴」どちらもポイントが高いときは、同じ付箋紙（行）が選択される場合があります。この場合、「関心」ポイントと「特徴」ポイントを比べて高い方で採用してください。ポイントが同じ場合は任意でどちらかに分類し、もう一方の次点を繰り上げます。各々で5枚（行）ずつになるようにしてください。

　同じポイントがたくさんある場合（例えば「関心」ポイント5点のものが10枚あるなど）は、その中でさらに細かなポイントを付けていきます。5.1、5.8など小数点でもいいでしょう。最初の付箋紙の枚数（Excel行数）は100枚（行）の場合もあれば、20枚（行）ということもあるでしょう。この場合もピックアップするのは同じく5枚ずつ（計10枚〈行〉）を目安にしてください。

　フェーズ1は発散のフェーズになります。特に1-2では様々な観点から事実情報を集めたので、ターゲットに関する認識は「混沌」としてきたかもしれません。1-3ではこれを少しクールダウンして方向性を見通します。次はこの当たりを付けた方向に向かってさらに調査を進めます。


## 1-4　関心領域の調査

　ここまで「関心領域」が5つ、「特徴領域」についても5つ、計10個が抽出されました。これらについて調査を進めていくことになりますが、ここでの目的は、より多面的にターゲットを捉えることです。

　ターゲットの見方や考え方は決して1種類ではなく様々な

ずです。「クルマは移動手段」「SNSは交流ツール」としてだけ捉えていませんか？　どんどん発散して気になる枝葉に好奇心を膨らませましょう。そして、ターゲットの本質を論理的に追求することが目的ではないことに注意しましょう。

　もちろん、調査を通じて論理的な理解が深まることがあれば、それはそれで結構ですが、論理的な理解もターゲットを多面的に理解する一側面というように考えてください。

### ◆ 1-4-1　矛盾や対立の許容

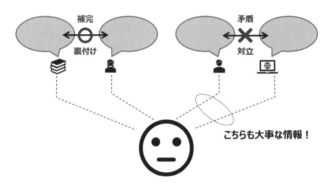

矛盾や対立のある情報も重要なアイデアの種！

　1-3で抽出した「関心領域」について、さらに調査を進めます。調査を進めていくと、諸々の事柄で「関係」が見えてくることがあります。

「これは、以前調べていたことと同じだ」とか「あの問題はこれが原因になっていたのか」などです。

　例えば、フロービジネスかストックビジネスかという「収益構造」と、変動費中心か固定費中心かという「コスト構造」には何か関係がありそうです。

　マンション経営は空室が出ないかぎり継続的に収益が上がるストックビジネスです。コストは建築時の初期費用とメンテナ

アナロジカル・デザイン

ンス費用が主なので固定費が中心です。一方、請負型のIT企業の主なコストは人件費なので固定費中心ですが、収益はその時々の開発案件から得るので、フロービジネスということになります。開発案件を受託できなければすぐに赤字に転落するIT企業より、マンション経営の方がリスクは少なそうです。

　このようにコスト構造と収益構造の関係から、より深くビジネス特性を把握することができます。

　しかしながら、注意したいのは、このように「関係」がきれいに繋がり論理的に説明できるものばかりではないということです。ある調査結果と別の調査結果で矛盾を感じる場合もあると思います。例えば、あるサービスの目的が「ビジネスの効率化」だったとします。しかし、利用者を詳しく調べてみると、彼らはビジネス上のメリットは全く感じておらず、プライベートの友達作りに効果的だとして、そこに価値を見出していたりします。

　このような矛盾や対立を許容してください。フェーズ1は「発散」のフェーズです。無理につじつまを合わせて論理的に解釈する必要はありません。アナロジカル・デザインでは、矛盾や対立もアイデアの種の一つです。むしろ、ターゲットにまつわる矛盾や対立こそ見出してください。

◆ **1-4-2　調査方法**

〈1-4-2-1　ネット情報〉

　まずは、何といっても、皆さん大好き「ネット検索」で調べましょう。手軽にコストをかけずに膨大な情報にアクセスできるネットは、やはり重要な情報源です。

　ネットには様々な情報が集まっていますが、その特徴を理解しておくことも重要です。確かにネットにはあらゆる情報があるのかもしれませんが、私たちが実際にたどり着けるのは検索

エンジンで抽出されるものに限られます。特に上位表示されるものは「多くの人が閲覧している」可能性が高い情報です。

　そして、ネットは情報の新鮮さが売りなので、多くは「現在」の情報であるということです。もちろん、歴史上の文献も閲覧できますが、それを選択して公開しているのは「現在」の人々です。また、過去の出来事もたくさん閲覧することができますが、それは「現在」のライターが記述したものです。当然ですが、インターネットが発明される以前のライターによるものは存在しません。

　そして、情報は「断片」として提示されます。前後関係や文脈は多くの場合、読み手に任されます。それがネット情報の自由を担保している面もありますが、体系立てた意味を把握するのは自分の検索技術と理解力に任されることになります。

「多くの人が閲覧」している「現在」（ここ20〜30年）の情報を「断片」として閲覧できるというところが、ネット情報の特徴であり限界です。

### 〈1-4-2-2　図書館に行こう〉

　この限界を補うために、図書館に行きましょう。関心領域はターゲットの製造工程かもしれませんし歴史かもしれませんが、関連する書籍を見つけることができれば、ネットとは全く異なる情報を得られる可能性があります。

　書籍はどんなジャンルでも著作者が構想したコンテクスト（文脈）があります。大抵の書籍は1ページ目から順に読んでいくことで、この文脈を理解できるようになっています。ストーリーを通して理解するためには、書籍はネット情報より有

効です。

　そして、図書館では多くの人が興味を持っていない書籍も等しく提供しています。今では誰からも顧みられることのない、歴史の片隅や支流のエピソードについても豊富な情報を得ることができます。ネット情報ほどではありませんが、参考文献から別の書籍をたどることもでき、情報収集の幅を広げることもできます。半日、図書館で過ごせば、きっと新しい観点を発見できるはずです。

　図書館で求める本が見つからないときや、さらに時間をかけて調べたいときはAmazonで書籍を検索してみましょう。「ネット」で詰まったら「図書館」。書籍に出てくるキーワードをネットで検索して、さらに情報を補完していきます。


### 〈1-4-2-3　インタビュー〉

「ネット」や「図書館」で調査を進めても「何か物足りない」「どうしてもこの部分が分からない」というところが残るかもしれません。そのときはインタビューが有効です。

　デザイン思考ではユーザーリサーチが特に重要とされていて、その一環としてインタビューがよく行われます。このリサーチを通じてユーザーに「共感」し、そこからインサイトを得るというプロセスを踏みます。

　一方、アナロジカル・デザインにおけるリサーチはユーザーに限定したものではありません。抽出した関心領域について知見を持つ人であればどのような立場の人でも構いません。もちろん、ターゲットのユーザーである場合もあるでしょうし、提供側の人という場合もあると思います。

また、ターゲットとは直接関係ないけれども、関心領域についての専門家という場合も考えられます。例えば、ビジネス特性から関心領域が抽出された場合は、ビジネスの専門家に話を聞くことも有効です。社会特性の場合は法律の専門家から興味深い話が聞けるかもしれません。

　そして重要なのは、「共感」を目的にはしないということです。皆さんは1-2で事実情報を収集してから、1-3で関心領域を抽出し、これらについてネット情報や書籍などを通じて様々な知識を得ていると思います。そして、これらの知識に基づいて自分なりの「考え」も持つようになっているかもしれません。

　人に話を聞いてみると、自分の「考え」を裏付けるような肯定的な内容かもしれません。その場合は関心領域の情報を補完するものとして記録します。一方、自分の「考え」とは異なり矛盾や対立を見出すことになるかもしれません。この場合も相手に「共感」して「考え」を修正する必要はありませんし、反対に自分の「考え」に固執してこれを主張する必要もありません。ニュートラルに受け入れます。

　自分の「考え」との矛盾や対立はアイデアの種になるので、これを見出すこともインタビューの重要な目的です。今は「発散」フェーズなので、関心領域について様々な見方、考え方を収集してください。矛盾や対立する情報についても、ここでは「そういう見方がある」ということを認識するだけで十分です。

## 1-5　特徴領域の調査

　1-3で抽出した「特徴領域」についてもさらに調査を進めます。留意する点や調査方法は「関心領域」と同じですが、ここでは特に特徴領域の調査において留意したいことについて解説します。

### ◆ 1-5-1 特徴が「当たり前」になっている世界を探す

「特徴」というのは、他と比べて目立っている点、際立っているところなので、類似した製品やサービスと比較して際立っている点ということになります。

例えば、クルマに車輪が4つ付いていても特徴にはなりませんが、3つだと特徴といえます。

「トライク」はトライサイクルのことで、「3輪の乗り物」という意味です。3輪ということが名前になるほど、クルマの中では特別だということです。

しかし、地面を3点で支えるものは他にもあり、「それが当たり前」という世界もあります。カメラの三脚は「3本脚」が当たり前で特徴にはなりません。そして、大抵のものは足の長さが調整でき、どんなに凸凹な地面でも水平にカメラを構えることができます。

さて、トライクは3本脚ということではカメラの三脚と同じで、これがクルマとしては大きな特徴になっていました。しかし、三脚のように「脚を伸縮して」「どんな地面でも水平を保つ」という機能までは持っていません。そんな機能が必要なのか？　はたまた実現可能なのか？　ということはありますが、「3本脚」の先輩であるカメラの三脚の世界から眺めることで、その特徴を客観的に見ることができるようになります。

トライク
（wikipedia より　Norio NAKAYAMA from saitama, japan – ヤマハ #TRICITY 発表会）

カメラの三脚

もう1つ例を挙げてみましょう。最近はホテルのサブスクリプションサービスというのが登場しています。定額で泊まり放題というサービスです。これはホテル業では特徴になりますが、他の業界では当たり前に定額サービスを行っているところがあります。

　例えば、賃貸マンションなどは定額で泊まり放題をずっと行ってきました。定額サービスということでは賃貸マンションが先輩です。でも、当たり前ですが、賃貸マンションにはホテルのように電話一本で予約して一見客<sup>いちげん</sup>を泊めるようなサービスはありません。

　振り返ってホテルのサブスクリプションサービスを見てみると、このサービスを行っているホテルでは通常の宿泊業務も行っているはずです。繁忙期と閑散期がある通常のホテル業務に加え、収益は安定しているけれど繁忙期ほどの利益率にならない定額サービスを同居させる。そのことに本当の新しさ・特徴があるのかもしれません。

　このように、ターゲットの「特徴」として抽出したことが「当たり前」になっている世界を探してみましょう。そして、そこから振り返ってターゲットの特徴を見てみると、さらに深くて広い調査に繋がる可能性があります。


### ◆ 1-5-2　本筋を外れても大丈夫

「特徴」としてピックアップしたので、調査対象はある程度明確になっていると思います。しかし、ここでは論理的に分析するのが目的ではありません。一点に絞り込んで、とことん追求するというより、関連する情報や興味深い事柄が見つかったときは、どんどん脇道にそれて調査を続けましょう。

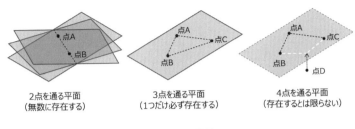

2点を通る平面
（無数に存在する）

3点を通る平面
（1つだけ必ず存在する）

4点を通る平面
（存在するとは限らない）

点を通る平面

　先ほどのカメラの三脚ですが、これには4本脚の「四脚」は
ありません。それはなぜでしょう？

　数学的に考えると、3点を通る平面は1つだけ必ず存在しま
す。2点を通る平面は無限に存在するので2点だけでは自立で
きません。4点を通る平面は必ず存在するとはいえません。机
の脚の長さが少しでも違うとガタついてしまうのはこれが原因
です。机などは平らな面に置かれ多少のズレは材料の「たわ
み」で吸収されてしまい、実用上問題ないので4本脚が一般的
になっています。しかし、カメラの三脚のように、凸凹のある
屋外などで利用されるものを平面に固定する場合は、3点で支
えるのが合理的なのです。

　カメラの三脚は同じ「3本脚」であるトライクの先輩という
ことで登場したのでした。クルマも三脚も屋外で使われるので、
論理的には3本脚が主流になってもよさそうです。でも、実際
にはクルマは4輪がメインストリームです。それはなぜでしょ
う？

　というように脇道にそれることで、ターゲットをどんどん客
観視するための材料が揃ってきます。

　さて、ここまでフェーズ1「ターゲットの具体化」を行って
きました。この時点でのアウトプットは「構造化されない調査
結果」になります。つまり「混沌」です。

　関心領域や特徴領域として抽出した各項目から様々な調査が

行われますが、その結果は以下のようになっているのではないでしょうか。

・論理的に分析が進んだ領域
・本筋から外れた脇道の調査
・単なるトピックや断片的な情報

そして、これらの情報には以下のような関係が見出せるかもしれません。

・ある情報を補完したり裏付けになっている関係
・矛盾や対立している関係

もちろん、これ以外にも様々な観点で分類できる情報があるかもしれません。また、それそれの情報の関係も様々だと思います。この時点では整理されていなくて結構です。

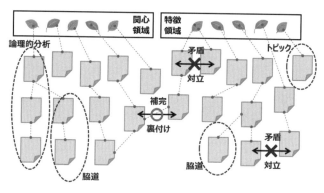

フェーズ1　アウトプットイメージ

　次ページからは特性分類の解説になります（P126まで）。最初はざっと目を通して概要を把握する程度で結構です。実際にターゲットを具体化する際に質問に答えるかたちで活用してください。

## 特性分類 ① ビジネス特性

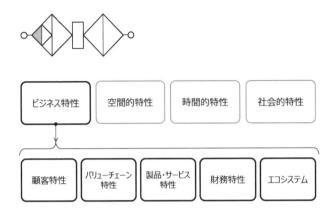

### ◆ 1-2-1　ビジネス特性

　ビジネスからターゲットを捉える観点になります。ターゲットをビジネスとして成立させ発展させていく場合、この観点は特に重要です。ビジネスの世界ではビジネスモデルや業界標準のようなストックがたくさん蓄積されています。ビジネス特性を把握することで、これらのストックと比較することが可能になり、ターゲットの理解を深めることができます。

　また、一見全く異なるモノゴトでも、ビジネス特性では共通点が浮かび上がってくるということがあります。例えば「定食屋」と「携帯電話会社」に共通点はなさそうですが、「常連客中心」という顧客特性では一致しています。「鉄道運行」と「ソフトウェアビジネス」も固定費の比率が高いという点では同じで、これが列車の定期券やインターネットサービスの定額利用などサブスクリプションモデルを可能にしています。

　このように、ビジネスという観点は異なる対象を横串で繋げます。これは、アナロジー思考の材料を集めるために

とても有効です。

　いずれにしても、ビジネス特性はビジネスとして有効性を検証するものではありません。事実情報の断片「リーフ」を集めることで、ビジネスという枠組みの中でどのように位置づけられるかを把握し、発想の幅を広げる準備をします。

〈1-2-1-1　顧客特性〉

　顧客の属性や特徴を把握することでターゲットを理解します。顧客の特性はビジネスモデルに影響を与えている場合が多く、ビジネスの全体像を把握する入り口になります。ターゲットはどんな顧客に利用されているか？　あるいはどんな顧客の利用を想定するか？　というのはビジネスにおいて決定的に重要です。

1-2-1-1-1　法人顧客か個人顧客か

　顧客には主に「法人顧客」と「個人顧客」があります。「法人顧客」の場合、購入に関する意思決定は論理的に行われます。事業計画上の必要性が判断され、価格や性能などを比較したうえで組織的に購入が決められるのが一般的です。

　個人顧客の場合、購入に関する意思決定には感情面が重要になります。好みや印象が購入の決め手になる場合がある一方、流行や口コミなどにも左右されます。

Q1．ターゲットの顧客は「法人顧客」ですか？　それとも「個人顧客」ですか？

Q2．「法人顧客」の場合はその「業種分類」（ウィキペディアの「業種」参照）は何になりますか？

Q3．「法人顧客」の場合、企業以外にも官公庁や学校、病院など様々な法人属性があります。その傾向について何か特徴的なことはありますか？

Q4．「個人顧客」の場合、性別、年齢、住んでいる地域、所得、職業、学歴、家族構成などで特徴的なことは

ありますか？

### 1-2-1-1-2　一見客中心か常連客中心か

　顧客が都度変わる場合は「一見客」、定期的あるいは継続して同じ顧客が購入する場合は「常連客」ということになります。

「一見客」中心の場合、収益構造は「フロー型」で商品やサービスを売り切ってしまうタイプのビジネスです。また、正確な販売予測が難しいので見込み生産になる場合が多くなります。

「常連客」中心の場合の収益構造は「ストック型」の場合が多く、仕組みやインフラなどを提供し継続的に売上が上がるビジネスです。また、都度注文を受けて生産する場合が多くなります。

Q1．都度顧客が変わる「一見客」が中心ですか？　定期的、あるいは継続して同じ顧客が購入する「常連客」が中心ですか？

Q2．営業手法や宣伝広告、品質管理、生産方式などで特徴的なことはありますか？

### 1-2-1-1-3　無料顧客と有料顧客

Q1．「無料顧客」と「有料顧客」の構成比はどのようになっていますか？

　無料顧客の比率が高い場合、利益を上げるためのビジネスモデルが鍵になります。無料顧客を有料顧客化する仕組みが工夫されていたり、広告配信などのように第三者から収益を上げる仕組みになっていたりします。

Q2．このような仕組みで特徴的なことはありますか？

　無料の期間が設定されていて、これを過ぎると強制的に有料になるものや、限られた機能であれば無期限に無料で利用できるものなどがあります。

Q3．「無料顧客」と「有料顧客」の関係から特徴的なことはありますか？

　技術の進歩や文化の変化により、従来は有料であったも

のが無料になったり、反対に無料であったものが有料になるケースもあります。

Q4. ターゲットとする製品・サービスの提供料金は歴史的に見たときどのように変遷していますか？

〈1-2-1-2　バリューチェーン特性〉

　製品やサービスが顧客のもとに届くまで、様々な機能が関係しますが、どの部分で付加価値が生み出されているかに着目するのがバリューチェーンという考え方です。製品・サービスが生み出されて利用されるまでのプロセスは、完成した製品・サービスと同様に重要な特性が含まれています。

　多くの場合、このプロセスは複数の人が携わる組織活動として行われるので、その組織文化を反映したり、逆に組織文化を創ることもあります。

## 1-2-1-2-1　差別化プロセス

Q1. 重要度が高く差別化の要因になっているプロセスはどこですか？
- 研究・開発（R&D）
- 製品企画
- 購買
- 生産
- 出荷物流
- 販売・マーケティング
- アフターサービス
- その他

Q2. そのプロセスの重要度が高く差別化の要因になっている理由は何ですか？

## 1-2-1-2-2　見込生産か受注生産か

「見込生産」の場合、売り手のリスクで仕様を決定し、どれだけ在庫を抱えるかも計画します。なので、顧客ニーズ

を先読みすることが成功要因になります。また、製品や生産ラインを標準化することでコストを削減することが鍵になります。

「受注生産」では、個別の顧客に合わせて製品・サービスを企画するプロセスが存在します。多少コストがかかっても顧客への対応を重視することもあります。

Ｑ１．「見込生産」ですか？　それとも「受注生産」ですか？

「見込生産」か「受注生産」かは、生産する企業の文化にも影響します。マーケティングやコストに関する考え方や価値観に違いがあるためです。顧客ニーズが起点になるのは同じですが、「見込生産」ではその後の製品企画や生産、在庫管理などの責任を生産側が負うのに対し、「受注生産」では企画や生産、販売などのプロセスにおいても顧客との調整が鍵になります。

Ｑ２．生産方式が組織の文化に影響していることで特徴的なことはありますか？

## 1-2-1-2-3　組立型かプロセス型か

　生産方式には「組立型」と「プロセス型」があります。「組立型」は、自動車や家電などのように部品を組み合わせて製造する方式です。部品の原材料は固体で「仕掛品」という概念があります。

「プロセス型」は、化学プラントや製油所など液体を原材料として扱う生産方式です。液体は時間による状態変化があるので「仕掛品」という概念がなく、厳密な時間管理が重要になります。多くの装置産業に見られる生産方法で、人員より設備能力に大きく依存するという特徴があります。

Ｑ１．「組立型」ですか？　それとも「プロセス型」ですか？

## 1-2-1-2-4　直接販売か間接販売か

　販売方式には「直接販売」と「間接販売」があります。「直接販売」は自社の営業部門が直接販売を行うもので、

顧客ニーズが直接把握でき、きめ細やかなフォローアップや新製品・サービス開発に繋げられるというメリットがあります。さらに営業ノウハウが蓄積されたり、流通マージンがかからないなどの利点もありますが、営業要員の人件費やその他の販売費用がかかってきます。

「間接販売」は流通業者に販売してもらう方式で、営業要員の人件費を削減することができます。また、自社の販売網よりも広い範囲にアプローチすることが可能になります。しかし、手数料を流通業者に支払う必要があり、営業ノウハウも蓄積されにくくなります。

Ｑ１．「直接販売」ですか？　それとも「間接販売」ですか？

Ｑ２．この販売方式を選択している理由は何ですか？


### 〈1-2-1-3　製品・サービス特性〉

　ターゲットそのものである製品やサービスをビジネスの観点から見たのが「製品・サービス特性」です。製品・サービスを利用するユーザーから見たときは「どんなことができるのか？」という機能性が主な関心事になりますが、ビジネスの観点からは収益を上げるための手段としての側面になります。一歩引いたところからターゲットを見つめることで客観的に把握します。


### 1-2-1-3-1　製品ライフサイクルにおけるステージ

　製品やサービスが市場に登場してから退場するまでの間にはいくつかの段階があり、この段階に応じた戦略が立てられます。ターゲットがライフサイクルのどのステージにあるかを確認し理解を深めます。

■導入期

・知名度や認知度が低い

・商品はあまり売れず、売上も穏やかにしか増加しない

■成長期

・商品の認知度が高まり、売上が加速度的に伸びる

・参入企業も増え競争が起こり、価格も手頃になってくる
- 成熟期
・製品が市場に行き渡り、売上の伸びが弱まってくる
・利益は安定し最大になるが、成長は鈍化
・参入企業が多く、値崩れが発生し利益率も悪化
- 衰退期
・製品自体が顧客のニーズに合わなくなる、あるいは、
　もっと魅力ある新製品に世代交代することで売上が減少
・撤退企業も増え、売上も先細り感が強まる
Q1. どのステージに該当しますか？
Q2. 該当するライフサイクルのステージから取られている戦略で特徴的なことは何ですか？

### 1-2-1-3-2　製品ライフサイクルの長さ

　製品のライフサイクルには様々な長さがあります。アパレルのように1年未満のものや、数年ごとに製品が大きく入れ替わる家電や自動車、数十年以上売れ続けている医薬品や飲料などの製品もあります。

　また、製品単体に着目するか、その製品カテゴリーに着目するかでも、ライフサイクルの長さは変わってきます。iPhoneの新モデル発表の周期は平均約1年と言われているので、製品単体に着目するとライフサイクルは1年ということになります。

　一方、製品カテゴリーで見た場合、初代iPhoneが登場した2007年を起点に、売上のピークだった2015年を成熟期として、2023年頃までに衰退するというライフサイクルを考えることもできます。

Q1. 製品ライフサイクルはおよそどのくらいの長さですか？
- 1年前後
- 2〜4年
- 5〜10年
- 10年以上

　ライフサイクルを決める要因にも様々なものがあります。

ファッションなどは流行が決め手になります。電化製品などは技術の進歩による陳腐化が大きな要因になります。

Q2．このようにライフサイクルを規定している主な要因は何ですか？

### 1-2-1-3-3 非耐久財か耐久財か

　非耐久財は使用回数が少なく、使用期間も短い製品になります。飲料や食品、洗剤、化粧品、文房具などの消耗品が該当します。不特定多数のエンドユーザーが対象で分散しているため、マス・マーケティングが中心になります。顧客は製品に対する知識が豊富ではない場合が多いので、イメージなどが先行して購入に繋がります。また、商品単価が低いものが多く、再購入を促すことが大きな課題になります。

　耐久財は何度でも使用でき、使用期間も長い製品になります。自動車や家電製品、コンピューター、衣料品などが該当します。非耐久財に比べ一般に製品1個当たりの価格が高く、販売個数が少なくなります。人的販売や製品保証、アフターサービスなどの重要性が高く、販売の手間がかかるわりには多くの数量が売れないので、粗利率は高めに設定する必要があります。

Q1．非耐久財ですか？　それとも耐久財ですか？

Q2．非耐久財または耐久財を扱う戦略で特徴的なことは何ですか？

### 〈1-2-1-4 財務特性〉

　ビジネスではありとあらゆるモノゴトが対象となりますが、利益やコストなど「お金」を通すことで共通の観点から見ることができます。財務特性を理解することで、多様なビジネスの中でターゲットがどのようなポジションにあるのかを把握します。

## 1-2-1-4-1　変動費中心か固定費中心か

　変動費は売上に比例して増減する費用のことで、原材料費や販売手数料、消耗品費などのことです。製造や販売などの企業活動に付随して発生するコストです。変動費が中心のビジネスの場合、部品や材料にかかる費用や残業代など、人件費の変動部分を低減することが成功要因になります。初期投資を抑えられるのでローリスクになりますが、利益率も低くローリターンとなる場合が多くなります。

　固定費は売上の増減にかかわらず発生する費用のことで、人件費や地代家賃、広告宣伝費、減価償却費などのことです。事業を行っていれば売上に関係なく発生するコストです。固定費が中心のビジネスの場合、設備や人員の稼働率を上げることが成功要因です。ユーザーの利用が増えてもこれに伴うコストが少ないので、サブスクリプションモデルに向いています。

Q1．変動費中心ですか？　固定費中心ですか？

Q2．変動費を削減したり固定費を有効に活用するための戦略で特徴的なことは何ですか？

## 1-2-1-4-2　フロービジネスかストックビジネスか

　フロービジネスとは顧客との関係が継続的でなく都度、顧客と関係を築き収益を上げていくスタイルのことです。商品を売り切る消費財や外食事業、コンビニエンスストアなどの小売り業、請負による建築やシステム開発などがフロービジネスになります。一般的なビジネスはほとんどがフロー型です。個々の製品やプロジェクトの品質・コスト・納期（QCD）が成功要因になります。

　ストックビジネスとは顧客との関係が継続的で、同じ顧客に対し持続的に製品やサービスの提供を行い収益を上げていくスタイルです。一定の顧客数を確保してしまえば、安定的な収入、収益を見込むことができるのがストックビジネスの特徴です。顧客との長期的な関係構築とサポートサービスの満足度が成功要因になります。値引きしてでもシェアを獲得することが重要な戦術で、メンテナンスなど

で「障害発生」のリスクを正確に把握し、顧客ニーズを
しっかり把握することが重要になります。

Q1．フロービジネスですか？　ストックビジネスです
　　か？

Q2．それぞれのビジネススタイルに応じた戦略で特徴的
　　なことは何ですか？

### 1-2-1-4-3　料金体系

　主な料金体系には「固定料金」と「変動料金」、そして
「無料」があります。「固定料金」は決まった料金で利用でき
き「使い放題」などとして提供され、ユーザーは利用時間
や回数を気にせず使うことができるというメリットがあり
ます。提供側の費用構造が固定費中心になっている場合に
適用が可能になります。

「変動料金」は利用量に応じて変動する料金で、利用に伴
いコストが発生する場合はこれに応じた料金とするもので
す。利用の多いユーザーには高価格、少ないユーザーには
低価格で提供し、ユーザーのニーズに合わせることができ
ます。

「無料」で提供する場合、ユーザーを一気に拡大し利用に
伴うフィードバックを得られるというメリットがあります。
何らかの方法で収益化しなければなりませんが、それまで
に時間がかかる場合が多く、また、変動費が多いビジネス
には不向きです。

「無料」サービスを収益化する方法としては以下のような
タイプがあります。

　　・無料部分と高機能などで差別化した有料部分からなる
　　　もの
　　・試用期間など時間的に無料期間が限定されているもの
　　・広告を掲載するもの

Q1．料金体系は「固定料金」ですか「変動料金」ですか、
　　それとも「無料」ですか？

Q2．該当する料金体系に応じた戦略で特徴的なことは何
　　ですか？

## 〈1-2-1-5 エコシステム〉

　近年は単一の企業だけで事業を行うのが難しくなり、事業全体の中で協業企業が役割を分担する相互依存が必要になるケースが増えています。このような複数のプレーヤーが得意とする領域の技術やノウハウ、知見を持ち寄って事業を行う形態をエコシステムといいます。エコシステムの構造からターゲットの特徴を把握します。

### 1-2-1-5-1　エコシステムの構造

「自社のみで提供」する場合は、すべてが自社で完結するので対応を迅速に行うことが可能になります。一方、コスト削減や新製品・新サービス開発を自社内だけでは対応できない場合も出てきます。

「階層構造型」のエコシステムを持つものにはゼネコンやIT業界などがあり、元請け、下請け、孫請けなどの階層からなります。上位階層では下請け管理を行うため、下位階層ではコスト削減と納期遵守のため、プロジェクト管理が重要になります。

「ネットワーク型」の企業同士は対等な関係で自社の得意分野のノウハウを提供することでエコシステムに参加します。協創や多様性の文化が生まれやすいのですが、自社に差別化できる要素がなければネットワークに所属する意義がありません。

Q1.「自社のみで提供」ですか？　それとも協業による「エコシステム」ですか？

Q2.エコシステムの場合、「階層構造型」ですか？　それとも「ネットワーク型」ですか？

Q3.エコシステムの構造によるメリットとデメリットにはどのようなものがありますか？

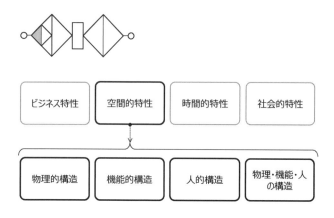

## 特性分類 ② 空間的特性

| ビジネス特性 | 空間的特性 | 時間的特性 | 社会的特性 |

| 物理的構造 | 機能的構造 | 人的構造 | 物理・機能・人の構造 |

◆ **1-2-2　空間的特性**

　この世のあらゆるものは「空間的」に存在しており、かつ「時間的」に存在しています。

　例えば、誰かと待ち合わせをすることを考えます。「穴路地町3丁目2番地のデザインセンタービル8階で」「明日の午後2時」。これらの情報があれば誰とでも落ち合うことができますが、どれか1つでも欠けると約束は守れません。

「穴路地町3丁目2番地」というのは平面上の位置を示しており、「デザインセンタービル8階」というのは上下の位置を示しています。ここまでが「空間的」な要素になります。でも、これだけでは待ち合わせが明日なのか10年後なのか分かりません。「明日の午後2時」という「時間的」な要素が揃うことで、確実に会うことができるようになります。

　これは私たちの周りのモノゴトが「空間的」な要素だけで出来ているのではなく、「時間的」な要素だけで出来ているのでもないことを示しています。「空間的」な要素と

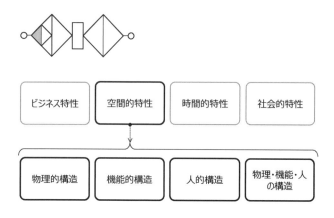 アナロジカル・デザイン

88

「時間的」な要素をセットで考えることで、モノゴトの全体像が現れます。

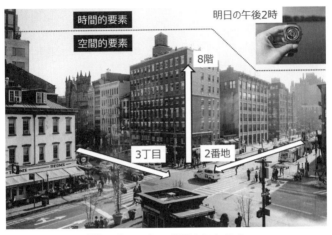

時間的要素

空間的要素

明日の午後2時

8階

3丁目

2番地

「待ち合わせ」に必要なことは？

　このケースは「待ち合わせ」というモノゴトでいえば「コト」の例になりますが、身の回りにある有形物の「モノ」でも同じです。ティーポットは円筒形の側面に持ち手があり、反対側に注ぎ口、上部にフタが載っていますが、この外観は「空間的」な要素になります。また、ティーポットにはお茶を入れたり、保温したりという機能があります。このような機能の広がりも「空間的」な要素として扱います。

　一方「お湯を沸かす」→「お茶を濾す」→「カップに注ぐ」という利用する際のプロセスもティーポットの大事な属性です。このような順序に着目した場合は「時間的」要素として捉えます。また、ティーポットが私たちの手元に届くまでのプロセスも「時間的」な要素になります。工場でティーポットが作られ、パッケージされ、出荷され、百貨店の店頭に並び、足を止めた顧客が手に取り購入する。そのような一連の流れには前後関係があり、「時間的」な要素といえます。さらに視野を広げてティーポットの歴史

という見方もできます。「古代中国で発明され、それが
ヨーロッパに渡り……」というのも「時間的」な要素です。

　とはいっても、モノゴトは必ず「空間的」「時間的」な
要素に還元して理解しなければならないということではあ
りません。「空間的」「時間的」が絶対的な観点というわけ
でもありません（物理学とは違います）。モノゴトを把握
する際に、ただ漠然と取り組むのはとても難しいので、そ
のときの道標として「空間的」「時間的」という観点（抽
象化のレベル）を使うと大きな偏りなく整理できるという
ものです。

　ターゲットの構造や位置関係に関することは「空間的特
性」として、順序や因果関係に関することは「時間的特
性」として扱うことで、考える際の取っ掛かりが出来、発
想が刺激されます。

　さて、改めて「空間的特性」についてです。

　有形物においてはかたちや色などの物理的構造が「空間
的特性」になります。無形物であるビジネスやサービス、
情報システムなどに物理的構造はありませんが、機能的構
造があります。固有の働きである機能と、これらがどのよ
うに組み合わされているかという機能的構造は、「空間的
特性」になります。

　また、ターゲットには「利用する人」や「提供する人」
のように人が関わっています。ターゲットと人、または、
ターゲットを取り巻く人同士の関係は、人的構造という
「空間的特性」の一つです。このような機能的構造や人的
構造は、有形物と無形物の両方で重要です。

　さらに、物理的、機能的、人的な構造は独立して存在し
ているのではなく、各々が関連し合っています。ですので、
これらの結び付きも重要な空間的特性になります。

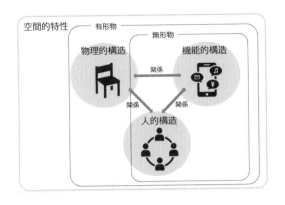

空間的特性　有形物
　　　　　　　　　　無形物
物理的構造　　　　　機能的構造
　　　　関係
関係　　　　　関係
　　　人的構造

### 〈1-2-2-1　物理的構造〉

　物理的構造は有形物を対象にしています。ターゲットが
ビジネスやサービスなど無形物の場合はスキップしてくだ
さい。

　かたちや色、部品などの要素がどのように組み合わされ
ているか？　などは有形物にとって決定的に重要です。し
かし、ここではそれらの意味を探るのではなく、事実情報
を客観的に確認してください。一歩、引いたところから見
つめることで、普段見えていなかったモノのかたちが見え
てくることもあります。

「（西洋の）ティーポットは注ぎ口の反対側に持ち手があ
るけれど、（日本の）急須は直角の位置にある……」とい
うような発見があります。これは使われるシーンの違いや、
もしかすると文化の違いが原因かもしれませんが、ここで
は「違いがあるんだ」「面白いね」ということが大事なの
で、そこまでにしておきましょう。

### 1-2-2-1-1　感性（五感）把握における特徴

　有形物は目に見えるものなので、まずは、視覚から得ら
れる情報を確認します。

Ｑ１．形状、目に見えるかたちはどのようなものですか？

Ｑ２．色や模様はどのようなものですか？

Q3．外観が与える印象はどのようなものですか？

　視覚以外の感覚における特徴にも重要なものがあります。例えばクルマは「乗り物」ですが、エンジン音やドアの開閉音など聴覚に訴える要素もあり、人々の印象を大きく左右します。

Q4．聞こえるものはどのようなものですか？

Q5．手触り、肌触りはどのようなものですか？

Q6．味、触感はどのようなものですか？

Q7．におい、香りはどのようなものですか？

## 1-2-2-1-2　構成要素

　有形物は多くの場合、複数の要素（部品など）から構成されます。これらがどのように組み合わされているかも有形物の重要な特性です。

Q1．どのような要素から構成されていますか？

Q2．主要な要素と補助的な要素（取替や交換を行う要素）にはどのようなものがありますか？

Q3．各々の要素はどのように組み合わされていますか？

Q4．繋がりのある要素において、相互にどのような影響を与えていますか？

## 1-2-2-1-3　周辺環境の物理的構造

　有形物であるターゲットはそれだけで機能するのではなく、周辺の有形物と連携して動作し、意味のある仕事をする場合もあります。このような周辺の有形物との関係もターゲットの特性をよく表します。

　繋がり方には主に以下のようなものがあります。

・組み込まれている、部分的に繋がっている、載っているなど（物理的結合）

・有線通信、無線通信など（電気的結合）

・カメラにおける被写体やレコーダーにおける音源など（概念的結合）

Q1．ターゲットが機能するために必要な外部の有形物にはどのようなものがありますか？

Q2．外部の有形物との繋がり方で特徴的なことは何です
か？


〈1-2-2-2　機能的構造〉

　ターゲットを構成する要素の役割と関係性のことを「機
能」といいます。無形物であるビジネスやサービス、情報
システムなどにはそれぞれ独自の機能があります。有形物
も利用者の問題を解決するために作られているので必ず機
能があります。アート作品などは実用的な機能はありませ
んが、鑑賞や所有を通じて人々を感動させたり、社会に問
題を提起するなどの機能を持っています。

　機能はターゲットの存在意義そのものである場合も多く、
ターゲットの本質を決める重要な特性です。しかし、その
ことが視野を狭めたり固定観念に繋がったりすることもあ
ります。機能はターゲットにとても重要ですが、機能だけ
からターゲットを理解することのないように注意しましょ
う。また、私たちが理解しているターゲットの機能だけが
（本当に）ターゲットの機能なのかを疑ってみましょう。


### 1-2-2-2-1　目的と働き

　ターゲットそのものに着目して機能を確認します。ター
ゲットは何らかのかたちで利用されるので目的を持ってい
ます。ただ、その目的はターゲットの作り手（提供側）と
利用者では異なります。また、人それぞれの価値観によっ
ても異なりますし、同じ人でも利用場面が異なれば目的も
変わってきます。目的は1つの正解が恒久的に決まってい
るのではなく、動的に変化するものだと思ってください。

　例えばクルマの目的を「ドライバーの意思で自由に移動
する」ことと捉えることもできますが「活動的な生活を支
援する」ことというようにも捉えられます。また、「操縦
する楽しみを味わう」ことのようにスポーツ感覚で趣味性
に重点を置く人もいるでしょう。

　では、その目的を実現するための働きはどのようなもの

でしょう？

「活動的な生活を支援する」という目的に対しては、「ドライバーの意思で自由に移動する」が働きになるかもしれません。「ドライバーの意思で自由に移動する」という目的には「安全・快適に動き、曲がり、止まる」という働きが対応し、「操縦する楽しみを味わう」という目的には「爽快な加速とハンドリング」という働きが対応するかもしれません。

　自分の好みで目的と働きのセットを作ってみましょう。

Ｑ１．ターゲットの目的は何ですか？

Ｑ２．目的を実現するためにどのような**働き・貢献**を行いますか？

### 1-2-2-2-2　構成要素

　ターゲットは多くの場合、複数の要素から構成されています。

　無形物である情報システムはユーザーインターフェース（UI）と様々な計算処理や管理機能に分けられます。さらに、ユーザーインターフェース（UI）はインプットとアウトプットに分けられます。有形物を物理的な側面で見たとき、例えばクルマの場合は「車体」「エンジン」「タイヤ」などの要素に分けられますが、ここでは機能的な側面に着目します。「動く」「曲がる」「止まる」などがクルマの主な機能になります。

Ｑ１．ターゲットを構成する主な**機能的要素**は何ですか？

Ｑ２．それぞれの要素はどのような機能を持っていますか？

　ターゲットを構成する要素は他の要素と関係しています。クルマの「動く」機能は「曲がる」機能と一緒に使われます。「動く」機能と「止まる」機能は一緒に使われることはありませんが交互に使われます。また、「止まる」の後に「曲がる」は使いません。

　従来型のコンピューターではコマンドを入力する機能があり、計算結果を出力する機能がありました。スマート

フォンのマルチタッチスクリーンでは指の動きを入力機能
とすると、これをそのままなぞるように画面が変化する出
力機能を持っており、入力機能と出力機能が連続的に動作
するという特徴があります。

Q3．機能的要素と他の機能的要素との組み合わせにはど
　　のようなものがありますか？

Q4．そのような組み合わせで特徴的なことは何ですか？


### 1-2-2-2-3　利用条件

　ターゲットには利用する際の条件が付けられている場合
もあります。このような利用条件も機能の一環としてター
ゲットの特性をよく反映します。

Q1．利用する際の制約やルールにはどのようなものがあ
　　りますか？（制限時間、年齢制限、スキル条件など）

Q2．逆に制約されないものは何ですか？（使い放題、食
　　べ放題、乗り放題など）


### 1-2-2-2-4　周辺環境の機能的構造

　ターゲットはそれだけで機能するのではなく、周辺の機
能と連携して動作し、意味のある仕事をする場合もありま
す。このような周辺の機能との関係もターゲットの特性を
よく表します。企業で使われる情報システムはビジネスと
密接な関係があります。クルマは給油サービスや整備サー
ビス、各種交通システムと連携して利用されます。

Q1．ターゲットが機能するために必要な外部の機能には
　　どのようなものがありますか？

Q2．ターゲットと外部の機能は相互にどのような影響を
　　与えていますか？


### 〈1-2-2-3　人的構造〉

　ターゲットは人によって作られ、人によって利用されま
す。ターゲットと「人」との関係はターゲットの特性をよ
く表します。同じ「カレーライス」でも家庭で作られるも

のとカレーチェーン店で作られるものでは違います。また、子供が食べるのか、ランチタイムに会社員が食べるのかでも異なります。材料や見た目、作るプロセスに大きな差はなくても、関連する人間が違うと大きく異なる特性が見えてくることがあります。

　ターゲットを作ったり運営したりする「提供者」と、これを購入したり利用する「利用者」という観点で見ると、ターゲットは「提供者」と「利用者」のコミュニケーションを媒介するメディアというようにも考えられます。そして「提供者」の思いは「利用者」に届いているのか？「利用者」の満足や不満は「提供者」にどのようにフィードバックされているのか？

　このようなターゲットと人が関係する総合的な特性を人的構造で明らかにしていきます。

### 1-2-2-3-1　利用者の属性
　ターゲットの利用者には様々な人が想定されます。
　個人が利用者の場合は以下のような属性が考えられます。
・性別
・年齢
・住んでいる地域
・所得
・職業
・家族構成…など
法人が利用者の場合は以下のような属性が考えられます。
・民間企業の場合は「業種分類」
・それ以外の場合は官公庁、学校、病院などの法人種別
・法人規模
・所在地
・法人のマーケット…など
Ｑ１．ターゲットはどのような人が利用しますか？

### 1-2-2-3-2　利用者の目的と得られる価値
　ターゲットの利用者は何らかの目的を持って利用します。

Q1．利用のきっかけになった期待・希望はどのような
　　ものですか？

　どのような価値を求めて利用するかということがター
ゲットの特性をよく表します。

　利用者が求める価値には、主に以下のようなものがあり
ます。

・「機能的価値」：機能やスペックによってもたらされる利
　便性や利益
・「情緒的価値」：所有したり利用することで得られる喜び
　や満足感
・「自己表現価値」：所有したり利用することで得られる自
　己表現・自己実現

　もちろん、いずれかに絞られるものではなく、複数の価
値を見出して利用する場合も多くあります。

Q2．ターゲットはどのような価値を求めて利用されます
　　か？

### 1-2-2-3-3　利用者が負うリスクと負担

　ターゲットを利用することで利用者は価値を得ますが、
メリットだけではありません。対価を支払う場合は経済的
な負担を負いますし、利用に伴う身体的な危険が伴う場合
もあります。

　また、周囲からの批判など社会的なリスクが生じる場合
もあります。

・「経済的負担」：製品の購入、サービス利用に伴う対価や、
　他者に損害を与えた場合の保証金など
・「身体的リスク」：利用に伴う身体への物理的なダメージ
・「社会的リスク」：騒音、異臭、環境汚染など周囲に迷惑
　がかかることに対する批判や、文化的に受け容れられな
　い行為に対する批判など

Q1．ターゲットの利用者にはどのような負担やリスクが
　　ありますか？

### 1-2-2-3-4　提供者の属性

　ターゲットは人工物なので、必ずこれを提供する人がいます。有形物であればそれを構想し製造し、物流を通じて利用者に届けている企業などが提供者になります。サービスなどの無形物も、それを設計・構築し運営している企業や公的機関などが提供者になります。

　このような組織だけでなく、個人も提供者になる場合があります。家庭で使われる様々なモノ、衣服や道具や家具などを自作する場合がありますし、料理も個人が提供者です。また、家事や育児、教育、学習などは個人が提供するサービスと考えられます。

　個人が提供者の場合は以下のような属性が考えられます。
・性別
・年齢
・住んでいる地域
・所得
・職業
・家族構成…など
法人が提供者の場合は以下のような属性が考えられます。
・民間企業の場合は「業種分類」
・それ以外の場合は官公庁、学校、病院などの法人種別
・法人規模
・所在地
・法人のマーケット…など
Ｑ１．ターゲットはどのような人が提供しますか？

### 1-2-2-3-5　提供者の目的と得られる価値

　ターゲットの提供者は何らかの目的をもって提供しています。
Ｑ１．提供のきっかけになった期待・希望はどのようなものですか？

　どのような価値を求めて提供したかということがターゲットの特性をよく表します。

　提供者が求める価値には、主に以下のようなものがあり

ます。

・「経済的価値」：売上、利益

・「社会的価値」：地域、国、国際社会及び家庭などにおける課題解決

・「情緒的価値」：ターゲットを提供することで得られる喜びや満足感

・「自己表現価値」：ターゲットを提供することで得られる自己表現・自己実現

　企業などの組織では「経済的価値」や「社会的価値」が主になりますが、「情緒的価値」や「自己表現価値」の側面を持ってる場合もあります。

　一方、個人の場合は「情緒的価値」や「自己表現価値」が主になりますが、「経済的価値」や「社会的価値」の側面を持っている場合もあります。

　どれか1つに絞られるものではなく、複数の価値を見出して提供している場合も多くあります。

Ｑ２．ターゲットはどのような価値を求めて提供されますか？


### 1-2-2-3-6　提供者が負うリスクと負担

　ターゲットを提供することで提供者は価値を得ますが、メリットだけではありません。経済的な価値を得るための先行投資として経済的なリスクを負います。個人の場合は提供に伴う作業負担が生じたり、身体的な危険を伴う場合もあります。提供する活動に伴う事故や、提供したターゲットが社会に受け容れられないなどのリスクが伴うこともあります。

・「経済的負担・リスク」：ターゲットを提供するための費用や先行投資

・「作業負担」：ターゲットの提供に伴う作業など役務

・「身体的リスク」：提供に伴う身体への物理的なダメージ

・「社会的リスク」：事故や社会に受け容れられない行為による信用の失墜

Ｑ１．ターゲットの提供者にはどのような負担やリスクが

ありますか？

## 1-2-2-3-7　その他の関係者

　ターゲットには、「利用者」「提供者」以外にも様々な人が関係しています。

■ビジネス上の利害関係者

・投資家、株主、債権者、顧客、取引先、従業員、社会、政府・行政

■プライベートの関係者

・家族、友人、恋人、近隣住民、SNSでの「友達」

■利用サポート

・運用・保守業者、修理業者、障害対応サポート

■先行利用者、教育者

・ターゲットを先に利用している者

・ターゲットに関する専門家、コンサルタント、教育者など

Q1．ターゲットを取り巻くその他の関係者にはどのような人がいますか？

Q2．それらの関係者で特徴的なことは何ですか？


## 〈1-2-2-4　物理・機能・人の構造〉

　ここまで、ターゲットの物理的、機能的、人的な構造を観てきました。物理的な構造は有形物である「モノ」だけに備わっていますが、「モノ」には機能も備わっており、物理的な特性と機能的な特性には関係性があります。また、提供者は物理的な構造や機能的な構造を決定していたり、利用者はこれに大きく影響を受けたりします。

　このように物理・機能・人は相互に関連し合いながらターゲットの特性を作り上げています。


## 1-2-2-4-1　物理的構造と機能の関係

　モノのかたちが機能を決めていることがあります。フォークは食材を刺したり絡める機能がありますが、スー

アナロジカル・デザイン

プを掬うことはできません。一方、スプーンでパスタを食べるのは至難の業です。また、空を飛ぶという機能を持つ乗り物の多くは、大きな翼を備えた形をしています。陸上を移動する機能を持つもののほとんどには、車輪やタイヤなどの円形の構造物がついています。

　かたちなどの物理的な構造と機能との関係は双方向で、「かたちが機能を決めている」ともいえるし「機能がかたちを決めている」ともいえます。

Q1．物理的な構造と実現している機能はどのように関係していますか？

Q2．物理的な構造が規定している機能はどのようなものですか？

Q3．実現する機能により規定されている物理的な構造はどのようなものですか？

## 1-2-2-4-2　機能と人の関係

　ターゲットが実現している機能は、人々に便益をもたらすことを目的にしています。しかし、良いことばかりではなく、弊害も併せ持っている場合があります。機能に着目し、これを利用したり提供する人との関係にはターゲットの特性が現れます。

Q1．機能が人に及ぼす便益にはどのようなものがありますか？（利用者、提供者、その他の関係者）

Q2．機能が人に及ぼす弊害にはどのようなものがありますか？（利用者、提供者、その他の関係者）

Q3．機能を実現するために、人はどのような活動を行いますか？（利用者、提供者、その他の関係者）

## 1-2-2-4-3　人と物理的構造の関係

　有形物の物理的構造を利用するのは人になります。物理的構造は有形物の機能へのインターフェースとして絶えず人との関係を結んでいます。このような関係にはターゲットの特性が現れます。

Q1．人はターゲットの物理的構造をどのように利用します

か？

Q2. ターゲットの物理的構造の利用において、提供者や
　　その他の関係者はどのように関与しますか？

　有形物の物理的構造を作製するのも人になります。物理
的構造を構想し実現するために、人は決定的な役割を果た
しています。

Q3. 人はターゲットの物理的構造をどのように作製して
　　いますか？

Q4. ターゲットの物理的構造の作製において、利用者や
　　その他の関係者はどのように関与しますか？

　物理的構造がそのまま利用方法を規定している場合も多
くあります。ただの木の棒は、ものを叩いたり、地面に突
き刺したり、横に掛けてものをぶら下げたりなど様々に利
用されます。棒の端に重たい円筒形の部品を付けたハン
マーは、円筒形の部分でものを叩くという機能に絞り込ま
れます。

Q5. ターゲットの物理的構造が人の活動をどのように制
　　限・規定していますか？（利用者、提供者、その他
　　の関係者）

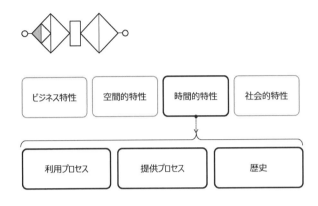

### ◆ 1-2-3 時間的特性

アナロジカル・デザインでは、ターゲットの構造や位置関係に関することは「空間的特性」として、プロセスや順序、因果関係に関することは「時間的特性」として扱います。ここでは「時間的特性」を検証します。

ターゲットは何らかのかたちで利用されますが、利用には必ずプロセスがあります。それは「栓抜き」のようなシンプルな道具についてもあてはまります。栓抜きを使うプロセスは「持ち手を握り」「栓の部分に押し当て」「上方向に引き上げる」という順序になっています。これ以外の順序では使えないので、利用プロセスは栓抜きを強く制約しており、その特性をよく表すものになっています。

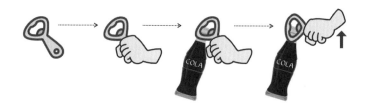

　様々なサービスにも利用のプロセスがあります。鉄道を利用する場合、目的地までの切符を買い、これを改札機に通して入場し列車に乗ります。目的地に着いたら列車を降りて、再び改札機に切符を通し改札を抜けます。しかし、鉄道を利用するプロセスはこれだけではありません。とりあえず入場券を買って列車に乗り、車内改札が回ってきたら目的地までの切符を買うという方法もあります。いつも決まった目的地に行く場合は定期券という方法で切符をまとめ買いしておき、普段の乗り降りでは切符の購入を省略するという方法もあります。利用プロセスはサービスの幅やサービスレベルを決定している場合もあります。

　プロセスは、製品を作ったりサービスを運営する提供側にもあります。普通の寿司店では板前さんがお客さんの注文を聞いてから寿司を握ります。お客さんに寿司を提供し、食べ終わったら代金を受け取ります。ところが、回転寿司では板前さんはお客さんの注文を聞きません。注文の前に計画に合わせて寿司を握り、回転するベルトに載せていきます。お客さんはベルトの上を流れてきた皿を取りますが、これが注文に相当します。提供するモノは同じでも、提供プロセスが異なると全く別のサービスになる場合があります。

　また、ターゲットは現在にだけ存在しているのではありません。現在の姿とは異なるかもしれませんが、過去にも存在していたはずです。初めて作られてから様々な変遷があり現在の姿になっているというケースがほとんどだと思います。このような、ターゲットが現在の姿になるまでの

歴史も「時間的特性」として把握します。まだ、この世に存在しないモノゴトがターゲットの場合も、そのターゲットが所属する領域や分野について検証してください。今までにない全く新しい「自動車」を構想する場合も「自動車」の歴史は参考になるはずです。

### 〈1-2-3-1　利用プロセス〉

　ターゲットを利用するプロセスを検証します。ターゲットは何らかの目的を達成するために利用されますが、これにはいくつかのプロセスを踏む必要があります。有形物の場合は手に取ったり、見たり、聞いたりなど感性（五感）で把握しながら利用します。無形物であるサービスなどを利用する場合も、パソコンから操作したり書類を提出したり、有形物が介在して利用を進める場合がほとんどです。
　利用によって目的を達成するプロセスをイメージしてみましょう。また、具体的に目的を達成するためのプロセスの前後には、利用を始めるための準備や、利用を終えた後処理などもあります。このような、前後のプロセスについても想いを巡らせてみましょう。

### 1-2-3-1-1　全体プロセス

　利用に関するプロセスの全体像を掴みます。多くの場合、以下の3つのプロセスに分割できますが、これらに特別な名称がつけられていればそれに言い換えてください。3つ以上に分割できる場合はそのように分割してみてください。
・利用準備
・利用
・利用終了・廃棄
Q1．利用に伴うプロセスの全体像はどのようなものですか？

### 1-2-3-1-2　利用準備
　ターゲットの利用に際して、様々な前準備が必要な場合

があります。有形物であれば製品などを入手する前、無形物であればサービスなどの利用を開始する前の段階です。

　例えば以下のようなものがあります。

・情報収集、学習：利用するために知識やスキルが必要な場合、利用に先立ち、情報を集めたり学習するなどの活動を行います。

・比較検討：製品・サービスの選定のために他の製品・サービスと比較を行う場合があります。単に機能的に類似しているモノゴトだけでなく、例えば「電車移動中の暇つぶし」には「本を買う」と「Netflixに入る」が比較される場合もあります。

・購入・利用契約：製品・サービスの利用に先立ち、有料のものは購入したり利用契約を結ぶなどの手続きが必要になります。

・配送、受け取り：有形物の製品などは、利用に先立ち配送や受け取りなどのプロセスが発生します。迅速な配送や美しいパッケージングは重要な価値になっています。

Q1．利用に伴う前準備にはどのようなものがありますか？

Q2．前準備で特徴的なことは何ですか？

### 1-2-3-1-3　利用

　製品などの有形物であれば入手してから、サービスなどの無形物であれば契約、加入などが完了してから、実際に目的を達成するための利用が始まります。利用プロセスは消耗品やイベントなどの場合は一回きりという場合もありますが、大抵は繰り返し行われます。

　利用プロセスは以下のように分割することができます。

・利用開始：利用目的を達成するための行為に先立つ活動（充電、組み立て、設置、ログイン、受付など）

・利用実施：利用目的を達成するための行為

・利用終了：利用を終了するための活動（解体、収納、ログアウトなど）

・通常外処理：利用に伴う障害や異常が起こったときに行

う活動（問い合わせ、修理など）

Q1．利用開始プロセスの内訳にはどのようなプロセスが
　　ありますか？
Q2．利用実施プロセスの内訳にはどのようなプロセスが
　　ありますか？
Q3．利用終了プロセスの内訳にはどのようなプロセスが
　　ありますか？
Q4．通常外処理プロセスの内訳にはどのようなプロセス
　　がありますか？


### 1-2-3-1-4　行為の7段階理論

「行為の7段階理論」（D.A.ノーマン『誰のためのデザイ
ン？』[6]）を用いて利用プロセスを把握します。
1．ゴール：ゴールの形成
2．プラン：行為のプラン
3．詳細化：行為系列の詳細化
4．実行：行為系列の実行
5．知覚：外界の状態の知覚
6．解釈：知覚したものの解釈
7．比較：ゴールと結果の比較
　例として「家で仕事をしていたら蒸し暑くなってきた」
場合です。
1．ゴール：「もっと涼しくする」というのが目標になり
　　ます。
2．プラン：「窓を開ける」「上着を脱ぐ」「エアコンを点
　　ける」など複数考えられますが、例えば「エアコンを
　　点ける」を選択します。
3．詳細化：「エアコンを点ける」方法にもいくつか考え
　　られます。「人に頼む」「リモコンを取ってきて点け
　　る」「スマートスピーカーに頼む」など。
4．実行：「リモコンを取ってきて点ける」と決めてこれ
　　を実行します。
5．知覚：エアコンが稼働した結果を知覚します。「エア
　　コンは点いたけれど涼しくならない」など。

6. 解釈：涼しさが足りないのは「ドライモードで運転して
   いた」という意味を理解。

7. 比較：あまり涼しくないので目標は達成されないとい
   う評価。

　利用者が円滑にこれらの段階を進むことができれば、利
用プロセスは円滑なものとなります。ターゲットの利用プロ
セスを7段階プロセスに当てはめてみましょう。

Q1. 利用者は何を達成したいのでしょうか？

Q2. 目的を達成するための選択肢はどのように示されま
　　すか？

Q3. いま、どの行為ができるのかはどのように示されま
　　すか？

Q4. いま、利用者が行っていることはどのように示され
　　ますか？

Q5. 何が起こったのかはどのように示されますか？

Q6. それは何を意味するかどのように伝えていますか？

Q7. 利用者の目的は達成されていますか？


### 1-2-3-1-5　利用終了

　繰り返し使う製品や定期的に利用するサービスも、いつ
かは利用しなくなります。利用を止める際にもいくつかの
プロセスがあります。

・解体、分解
・廃棄、廃止
・解約申請、アカウント削除
・再利用、リセール…など

Q1. 利用終了に伴う後処理にはどのようなものがありま
　　すか？

Q2. 後処理で特徴的なことは何ですか？


### 〈1-2-3-2　提供プロセス〉

　ターゲットを提供するプロセスを検証します。製品など
の有形物であれば製造され、出荷され、販売されます。製

品は製品そのものに価値があり、利用者が利用の都度その価値を享受するというのが一般的で、提供プロセスはそのような価値を持つ製品をいかに作り出し利用者に届けるかがポイントになります。

　サービスなどの無形物も、企画され、構築され、提供されるというプロセスが存在します。このような無形物では提供プロセス自体が価値になっている場合があります。多くの理髪店ではシャンプーして髪を切り、もう一度シャンプーしてから顔剃り、マッサージがあって、ドライヤーというプロセスだと思います。これは利用者の満足と理容師の作業効率を最大化するために入念に組み立てられたプロセスです。このサービス提供プロセス自体が「散髪」の価値を生み出しているともいえます。

　有形物と無形物で提供プロセスの意味に若干違いはありますが、ターゲットの特性を把握する際の重要性は変わりません。


### 1-2-3-2-1　全体プロセス

　提供に関するプロセスの全体像を掴みます。以下は一例になります。これらに特別な名称がつけられていればそれに言い換えてください。下記の例とは異なるフェーズの場合はそのように分割してみてください。
■製品など有形物の場合
・研究・企画フェーズ（研究・開発、商品企画、設計、試作など）
・製造フェーズ（購買、生産など）
・販売フェーズ（流通、販売など）
・保守フェーズ（アフターサービスなど）
■サービスなど無形物の場合
・研究・企画フェーズ（要件定義、システム設計、サービス設計など）
・製造フェーズ（システム開発、サービス開発など）
・販売フェーズ（営業、契約、サービス提供など）
・保守フェーズ（保守・運用、顧客満足度調査など）

Q1. 提供に伴うプロセスの全体像はどのようなものですか？

## 1-2-3-2-2　研究・企画フェーズ

　研究・企画フェーズのプロセスを検証します。以下は一例になります。これらに特別な名称がつけられていればそれに言い換えてください。下記の例とは異なるフェーズの場合はそのように分割してみてください。

■製品など有形物の場合

・研究・開発（新製品または新しい製造方法の開発、改良のための研究など）

・商品開発（市場分析、ターゲット設定、コンセプト設定、プロモーション戦略など）

・設計（構想設計、基本設計、詳細設計など）

・試作（試作作製、評価、改良版作製など）

■サービスなど無形物の場合

・要件定義（顧客リサーチ、サービスコンセプト設定、要件設計など）

・システム設計（概要設計、詳細設計、プログラム設計など）

・サービス設計（サービス設計など）

Q1. 研究・企画フェーズのプロセスはどのようなものですか？

Q2. 研究・企画フェーズで**特徴的な**プロセスはどのようなものですか？

## 1-2-3-2-3　製造フェーズ

　製造フェーズのプロセスを検証します。以下は一例になります。これらに特別な名称がつけられていればそれに言い換えてください。下記の例とは異なるフェーズの場合はそのように分割してみてください。

■製品など有形物の場合

・購買（価格決定、部品・材料調達、納品検査、支払いなど）

・生産（在庫管理、生産計画、製造指示、製造、出荷、進捗管理、原価管理など）

■サービスなど無形物の場合

・システム開発（プログラム開発、テストなど）

・サービス開発（サービス運用計画、サービステストなど）

Q1．製造フェーズのプロセスはどのようなものですか？

Q2．製造フェーズで特徴的なプロセスはどのようなものですか？

### 1-2-3-2-4　販売フェーズ

　販売フェーズのプロセスを検証します。以下は一例になります。これらに特別な名称がつけられていればそれに言い換えてください。下記の例とは異なるフェーズの場合はそのように分割してみてください。

■製品など有形物の場合

・流通（在庫管理、引当、搬出、納品）

・販売（営業、引合、見積、受注、出荷、納品、請求）

■サービスなど無形物の場合

・営業（営業、引合、見積）

・契約（受注、契約締結）

・サービス提供（教育、システム導入、サービス提供）

Q1．販売フェーズのプロセスはどのようなものですか？

Q2．販売フェーズで特徴的なプロセスはどのようなものですか？

　サービスなど無形物における「サービス提供」プロセスは、ターゲットの価値そのものとも考えることができます。

Q3．「サービス提供」プロセスで特徴的なことは何ですか？

### 1-2-3-2-5　保守フェーズ

　保守フェーズのプロセスを検証します。以下は一例になります。これらに特別な名称がつけられていればそれに言い換えてください。下記の例とは異なるフェーズの場合は

そのように分割してみてください。

■製品など有形物の場合

・アフターサービス（消耗品交換、修理、問い合わせなど）

■サービスなど無形物の場合

・保守・運用（問い合わせ対応、バージョンアップ、障害対応、環境維持、バックアップなど）

・顧客満足度調査（満足度、切り替えの有無、改善要望など）

Q1．保守フェーズのプロセスはどのようなものですか？

Q2．保守フェーズで**特徴的な**プロセスはどのようなものですか？

### 〈1-2-3-3　歴史〉

　ターゲットは様々な変遷を経て今の姿になりました。ここでは、初めてターゲットが登場してから現在に至るまでの「歴史」を検証します。

　ターゲットの利用者や提供者、その時代の様々な社会的な要因などが関係して、ターゲット独自の歴史が刻まれます。歴史を確認することでターゲットの特性をよく把握することができます。また、歴史的な事実を知ることで、ターゲットを外側から客観的に捉えることができるようになります。

　通常、私たちは今あるターゲットの姿を認識してこれを前提に考えがちです。しかし、過去から存在しているターゲットは未来へも繋がっており、現在の姿は一断面でしかありません。ターゲットが登場したときの問題意識や社会への受け入れられ方、普及と発展の経緯、現れた課題と改良の実態、新製品・サービスへの世代交代などの様子を時間軸で捉えることで、ターゲットの理解を深めます。

### 1-2-3-3-1　製品・サービスの登場

　ターゲットが誕生したのは何らかの問題を解決するため

です。そして、これに先立って何らかの問題が発見されていたはずです。今、私たちはターゲットの問題を発見しようとしていますが、このようなターゲットの誕生にまつわる問題発見と問題解決の様子を知ることは、現在のターゲットを理解するうえでも重要です。

Q1．発明やイノベーション創出に至るきっかけはどのようなものですか？

Q2．当時の課題認識や社会課題はどのようなものですか？

Q3．参考にした事例や前世代の該当製品・サービスはどのようなものですか？

Q4．登場した時の社会の受け入れ方はどのようなものでしたか？

Q5．発明者の目的は達成されましたか？

### 1-2-3-3-2　商品化、市場進出（導入期）

　ターゲットが初めて市場に進出するなど、自分以外の利用者が現れたときの状況を検証します。この時期は知名度や認知度が低く、あまり売れず（利用されず）売上もわずかにしか増加しません。

Q1．初めてターゲットを商品化し市場進出を目指したのは誰ですか？

Q2．商品化や市場進出における課題や解決方法はどのようなものでしたか？

Q3．市場進出した時の社会の受け入れ方はどのようなものでしたか？

　この時期に利用を開始した人たちの特性はターゲットの性質をよく表します。

Q4．この時期に利用を開始した人（アーリーアダプター）はどのような属性の人ですか？

### 1-2-3-3-3　革新と市場拡大（成長期）

　ターゲットの利用が急速に拡大する時期は、参入企業も増え競争が起こり価格も手頃になってきます。社会に影響

を与えたり、反対に社会から影響を受けたりなど、関係も拡大し複雑になります。

Q1. 市場拡大の要因になった技術革新にはどのようなものがありますか？

Q2. 市場拡大の要因になった社会の意識変化にはどのようなものがありますか？

　この時期には同じ市場に続々と新規業者が参入してきます。

Q3. 主なプレーヤーはどのような事業者ですか？

Q4. 各々のプレーヤーの活動実績（成功と失敗の事例）はどのようなものですか？

　ターゲットが市場拡大したことにより、周囲に様々な影響を与えます。

Q5. 従来製品・サービスはどのような影響を受けましたか？

Q6. 市場を取れずに競争に敗れた者の原因とその後の対応はどのようなものでしたか？

### 1-2-3-3-4　成熟した市場の形成（成熟期）

　ターゲットが市場に行き渡り売上の伸びが弱くなる時期、利益は安定し最大になるが成長は鈍化します。参入企業が多く値崩れが発生し利益率も悪化してきます。

Q1. シェアを獲得した事業者はどこですか？

Q2. 飽和した市場における製品・サービスの差別化のための施策はどのようなものでしたか？

　この時期になると、新世代の予兆も現れ始めます。

Q3. 代替製品・サービスの先触れはどのようなものでしたか？

### 1-2-3-3-5　新世代との交代（衰退期）

　製品自体が顧客のニーズに合わなくなる、あるいは、もっと魅力ある新製品に世代交代することで売上が減少してきます。この時期になると、製品・サービスが持っている機能的価値が終了している場合があります。

Ｑ１．ターゲットの機能的役割が終わる理由は何ですか？

Ｑ２．縮小された状態で継続（保守のみなど）可能な場合
　　　はその理由は何ですか？

　機能的な役割を終えても情緒的価値は残っている場合も
あります。

Ｑ３．ターゲットに情緒的価値が残っている場合、それは
　　　どのようなものですか？

Ｑ４．情緒的価値を求める市場や個人の実態はどのような
　　　ものですか？（規模、属性など）

　新世代の製品・サービスが既に登場していたり、その準
備が進められていることもあります。

Ｑ５．ターゲットの役割を引き継ぐものは何ですか？（単
　　　に機能的役割を引き継ぐとは限らない）

Ｑ６．新世代の製品・サービスが登場している背景はどの
　　　ようなものですか？（課題やニーズなど）

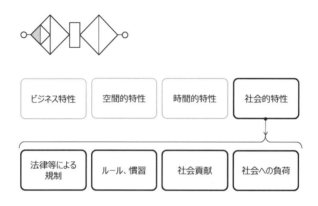

| ビジネス特性 | 空間的特性 | 時間的特性 | 社会的特性 |

| 法律等による規制 | ルール、慣習 | 社会貢献 | 社会への負荷 |

◆ **1-2-4 社会的特性**

　ターゲットは社会との関わりの中で価値を生み出します。たとえ個人が製作したモノを個人が使う場合であっても、社会的な環境のもとで提供され利用されます。社会との関係を切り離しては存在できません。

　社会は多くの人が安心して暮らすために様々な約束事を決めてきました。中でも代表的な約束事は「法律」です。法律による規制がターゲット特性をある程度決めてしまう場合もあります。

　例えば「自動車」には関連する法律が無数にありますが、これが自動車の形状や機能のかなりの部分を決めてしまっています。サービスにおいても対象分野ごとに様々な規制が存在します。例えば、ペットのシッティング（お世話）は動物愛護法第10条規程の第一種動物取扱業の登録を受けた業者に限られるので、一般の人がシッティングで対価を受けることはできません。インターネットビジネスは多くの場合、特定商取引法や著作権法を参照しなければなりません。

　法律のように厳しい規制ではありませんが、社会的に共

アナロジカル・デザイン

有されているルールや慣習も重要です。ウェブサイトには大抵の場合、上段にメニューがあり、これをたどっていけばすべてのページにアクセスできるようになっています。大抵の瓶の蓋は反時計回りに回して開けます。これらは法律で決まっているわけではありませんが、社会的な慣習として強い制約になっています。

とはいうものの、このような社会的な制約の中で思考していきましょうということではありません。ここでは、制約があるという事実を客観的に理解することが重要です。今後、プロジェクトを進めるうえで制約を回避したり乗り越えることで発想を広げたり、逆に制約があるからこそ面白いアイデアに繋がる場合もあります。このフェーズでは冷静に事実情報を収集します。

このような規制はターゲットが社会から受けるものですが、反対にターゲットが社会に及ぼす影響もあります。

通常、ターゲットはそれを利用する人や提供する人にとって価値があります。しかし、社会との関係において重要なのは、このような直接的な価値ではなく、多くの人にメリットが生まれるような社会貢献という観点です。利用者にとっては経済的負担が大きく、提供者にとっても利益率が低く旨味の少ないモノゴトが、社会全体という枠組みでは価値を生み出しているという場合もあります。

反対に、利用者や提供者にとっては価値があるけれども、間接的に他者の安全や健康を脅かしたり、環境に負荷をかけたりなど、社会に負担を強いるようなモノゴトもあります。

ここでは、ターゲットが社会から受ける影響と社会に与える影響という観点から社会的特性を検証します。

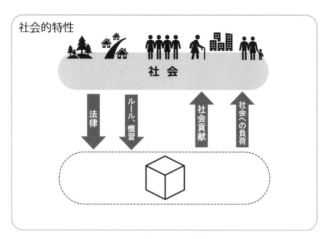

社会的特性の構造

### 〈1-2-4-1　法律等による規制〉

　法律は私たちの生活の様々な場面で作用しています。法律による規制の範囲や強さは様々ですが、ターゲットも社会に存在する以上、何らかのかたちで法律との関係を持っています。

　使い方によっては利用者に危険が及ぶようなモノゴトは、安全面に対して規制されます。また、利用者が直ちに品質を見分けられないような場合は品質面の規制が強くなります。例えば、住宅の品質は一般の人が直ちに判断できるものではありません。実際に住んでみないと分からないことが多いので、提供者側には品質に関する様々な規制がかけられています。この他にも環境に関する規制や経済に関する規制などがあります。

　法律でどのような規制が行われているかは、社会が「何を心配しているのか？」ということの裏返しです。その点に思いを馳せながら検証を進めます。

### 1-2-4-1-1　安全に関する規制

　社会の中で優先度がとても高く、強制力を持った法律で

アナロジカル・デザイン

規制するに相応しいのが、安全に関するものです。様々な価値を生み出すターゲットも、最低限この安全が確保されていることが求められます。そのため、数多くの法律で規制されていますが、安全に関する認識は国や文化圏、あるいは時代によっても違ってきます。社会において「何が危険」と考えられているかという観点で検証します。

**Q1. ターゲットに関連する規制にはどのようなものがありますか？**

ターゲットが規制により受ける制約には以下のようなものがあります。

・形状や色などの外観
・スピードや処理能力などの品質
・製造・作成にかかるコストと販売価格

**Q2. ターゲットが規制により受ける制約の内容はどのようなものですか？**

この規制により、提供者は製造・制作、販売、運用・保守など様々な過程で影響を受ける可能性があります。

**Q3. 規制により提供者にはどのような影響がありますか？**

利用者も利用前（購入前）から利用中を通して影響を受ける場合があります。

**Q4. 規制により利用者にはどのような影響がありますか？**

### 1-2-4-1-2 品質に関する規制

通常、品質は提供者である企業などの努力によって確保・向上されるものです。特に日本では品質への関心が高く、ユーザー満足を得るために競争力の源泉になってきました。このような提供者の自主的な活動に加えて、品質をあえて法律で規制する場合もあります。一般の利用者には判断できなかったり、品質という側面で競争が働かない構造があるのかもしれません。

**Q1. ターゲットに関連する規制にはどのようなものがありますか？**

ターゲットが規制により受ける制約には以下のようなものがあります。

・形状や色などの外観
・スピードや処理能力などの品質
・製造・作成にかかるコストと販売価格

**Q2．ターゲットが規制により受ける制約の内容はどのようなものですか？**

　この規制により、提供者は製造・制作、販売、運用・保守など様々な過程で影響を受ける可能性があります。

**Q3．規制により提供者にはどのような影響がありますか？**

　利用者も利用前（購入前）から利用中を通して影響を受ける場合があります。

**Q4．規制により利用者にはどのような影響がありますか？**

### 1-2-4-1-3　環境に関する規制

　品質や安全に関する規制は、主に利用者を守るため提供者の活動を制約するものです。ところが環境に関する規制は利用者だけを保護するのではなく、同じ環境に暮らす社会の構成員全体を保護するものです。特に社会的観点が強い規制といえます。環境に配慮した製品・サービスであることは付加価値として認められますが、法律で規制されるのは最低限求められるもので、ターゲットが社会に存在するための条件ともいえます。

**Q1．ターゲットに関連する規制にはどのようなものがありますか？**

　ターゲットが規制により受ける制約には以下のようなものがあります。

・形状や色などの外観
・スピードや処理能力などの品質
・製造・作成にかかるコストと販売価格

**Q2．ターゲットが規制により受ける制約の内容はどのようなものですか？**

この規制により、提供者は製造・制作、販売、運用・保守など様々な過程で影響を受ける可能性があります。

Q3. 規制により提供者にはどのような影響がありますか？

利用者も利用前（購入前）から利用中を通して影響を受ける場合があります。

Q4. 規制により利用者にはどのような影響がありますか？

### 1-2-4-1-4　経済に関する規制

経済活動は公平なルールのもと事業者が競争することで事業活動を盛んにし、ひいては一般消費者が受ける価値を最大化することを狙いとしています。例えば、代表的な経済法である独占禁止法は、事業者の不公正な行動によりこのような前提が覆される事態を防ぐ目的があります。ターゲットがビジネスとして成立するためには、このような経済に関する規制を受け、他の事業者と同じルールのもとで活動することが求められます。

Q1. ターゲットに関連する規制にはどのようなものがありますか？

ターゲットが規制により受ける制約には以下のようなものがあります。

・形状や色などの外観
・スピードや処理能力などの品質
・製造・作成にかかるコストと販売価格

Q2. ターゲットが規制により受ける制約の内容はどのようなものですか？

この規制により、提供者は製造・制作、販売、運用・保守など様々な過程で影響を受ける可能性があります。

Q3. 規制により提供者にはどのような影響がありますか？

利用者も利用前（購入前）から利用中を通して影響を受ける場合があります。

Q4. 規制により利用者にはどのような影響がありますか？

### 〈1-2-4-2 ルール、慣習〉

　法律のような罰則を伴う厳しい規制ではありませんが、社会的に共有されているルールや慣習が数多く存在しています。社会が曲がりなりにも回っているのは、暗黙のものも含めて、このようなルールや慣習があるからではないでしょうか。

　ルールや慣習はターゲットを制約するもので、さらなる発展を阻害する要因になっているかもしれません。あるいは、ルールや慣習があるからこそターゲットの存在意義があるという場合もあります。または、ルールや慣習の中に今後の発展の種が隠されているかもしれません。

　いずれにしても、ターゲットはルールや慣習の影響を受けますが、それはターゲットの特性と強く関係しています。

### 1-2-4-2-1　利用者のルール、慣習

　ターゲットの利用者が影響を受けるルールや慣習についてです。普段は意識することなく「当たり前」になっていることもあると思いますが、この「当たり前」もルール・慣習として切り出すことで、ターゲットを新たな観点で検証することができます。マニュアルの必要がないモノゴトは、暗黙のルールや慣習がマニュアルの代わりをしている可能性があります。

Ｑ１．利用準備においてどのようなルールや慣習の影響を受けますか？

Ｑ２．利用においてどのようなルールや慣習の影響を受けますか？

Ｑ３．利用終了、廃棄においてどのようなルールや慣習の影響を受けますか？

### 1-2-4-2-2　提供者のルール、慣習

　ターゲットの提供者が影響を受けるルールや慣習についてです。提供者は専業としてターゲットに関わっている場合が多く、自覚することなく暗黙のルールや慣習に従って

いる可能性があります。自覚していたとしても、その理由
や効果については曖昧なこともあります。改めて、ルール
や慣習を検証することで「先入観」や「固定観念」を排除
し、ターゲットの特性を理解します。

Q1. 研究・企画フェーズではどのようなルールや慣習の
　　影響を受けますか？

Q2. 製造フェーズではどのようなルールや慣習の影響を
　　受けますか？

Q3. 販売フェーズではどのようなルールや慣習の影響を
　　受けますか？

Q4. 保守フェーズではどのようなルールや慣習の影響を
　　受けますか？

### 〈1-2-4-3　社会貢献〉

　ターゲットが社会に及ぼすポジティブな影響として社会
貢献があります。これには、利用を通じて間接的に社会貢
献になるようなものと、直接的に社会貢献を目的としたも
のがあります。

　間接的な社会貢献は、例えば、「再生○○」のようなも
のです。再生紙は紙として利用目的を持っていますが、利
用を通じて森林資源の保護を促進します。直接的な社会貢
献の例としては、災害対策や高齢者福祉など社会課題の解
決を目的にした様々なサービスなどがあります。社会貢献
はターゲットの価値を示す重要な特性の一つです。

### 1-2-4-3-1　利用者による社会貢献

　ターゲットを利用することによって生じる社会貢献につ
いてです。利用者は社会貢献に自覚的な場合もありますが、
自覚のないまま利用した結果、社会に有益な効果をもたら
している場合もあります。ターゲットの主目的が社会貢献
でない場合、利用者も無自覚であることが多く、重要な特
性を取り漏らしてしまう可能性もあります。ここでしっか
り確認をしましょう。

Q1. 利用することで生じる社会へのポジティブな影響は
　　どのようなものですか？
Q2. 影響を与える範囲はどのようなものですか？（個人、
　　地域、国、国際社会など）
Q3. 影響はどのタイミングで、または、どのくらいの期
　　間生じますか？

### 1-2-4-3-2　提供者による社会貢献

　ターゲットを提供することによって生じる社会貢献についてです。提供者に社会貢献への思いがある場合、ターゲットの提供においてはこれを自覚しているのが一般的です。しかし、提供者も意図せず、結果的に社会に有益な効果をもたらしている場合もあります。

　ドローンはもともと軍事目的で開発されました。現在の製造メーカーも空撮など個人の趣味やビジネスシーンでの利用を想定していると思います。ところが、最近では災害救助活動や高齢者向けの配送サービスなどにも利用され始めています。このような、結果的に社会に貢献しているという観点を確認することで、ターゲットの理解がさらに進みます。

Q1. 提供することで生じる社会へのポジティブな影響は
　　どのようなものですか？
Q2. 影響を与える範囲はどのようなものですか？（個人、
　　地域、国、国際社会など）
Q3. 影響はどのタイミングで、または、どのくらいの期
　　間生じますか？

### 〈1-2-4-4　社会への負荷〉

　ターゲットが社会に何らかの負荷を与えていたり、危険性を増大させるようなネガティブな影響についてです。ターゲットは利用者の問題を解決することが目的なので、このような影響は本来的なものではありません。しかし、目的を達成するための副作用として、結果として社会にネ

ガティブな影響を与えることはよくあります。

　あらゆる工業製品の原料は天然資源が由来ですが、その観点でいえば工業製品はすべて自然環境に負荷をかけています。SNSは本来、個人間の交流やコミュニティの形成を促し、参加する人の豊かなコミュニケーションを支えるのが目的です。しかし、ソーシャル・ハラスメントやフェイクニュースの拡散などが社会問題になっています。

　ただし、ネガティブな影響をゼロにしましょうというものではありません。このような社会へのネガティブな影響も見逃すことのできないターゲットの特性なので、事実情報としてしっかり把握することが重要です。

### 1-2-4-4-1　利用者による社会への負荷

　ターゲットを利用することによって生じる社会への負荷についてです。利用者は社会に負荷を与えるなどネガティブな影響について、多くの場合自覚していません。自覚している場合は、ターゲットを利用することによって得られるメリットと社会への負荷を天秤にかけて利用することを選んでいると考えられます。いずれにしても、ターゲットの重要な特性であることに変わりはありません。

Q1．利用することで生じる社会へのネガティブな影響はどのようなものですか？

Q2．影響を与える範囲はどのようなものですか？（個人、地域、国、国際社会など）

Q3．影響はどのタイミングで、または、どのくらいの期間生じますか？

### 1-2-4-4-2　提供者による社会への負荷

　ターゲットを提供することによって生じる社会への負荷についてです。提供者は自分の利益だけではなく、利用者への貢献も価値として捉えているのが一般的です。しかし、ターゲットの提供活動によって利用者に間接的に生じる問題や利用者以外へのネガティブな影響については、意識が低くなる傾向があります。ここでは社会全体に範囲を広げ、

提供に伴う影響について検証します。

Ｑ１．提供することで生じる社会へのネガティブな影響は
　　　どのようなものですか？

Ｑ２．影響を与える範囲はどのようなものですか？（個人、
　　　地域、国、国際社会など）

Ｑ３．影響はどのタイミングで、または、どのくらいの期
　　　間生じますか？

# フェーズ2　ターゲットの抽象化

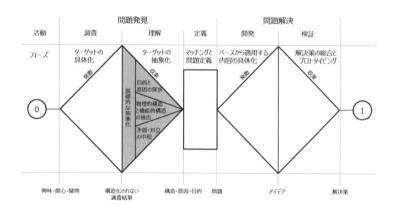

　フェーズ1では発散することでターゲットを具体化しました。フェーズ2では抽象化することで、その本質を捉えます。抽象化の手順に入る前に、「なぜ、抽象化は必要なのか？」「抽象化とはそもそも何なのか？」について解説します。また「抽象化が人間や社会に与えている影響や意味」についても確認しておきます。

## 抽象化の必要性

　アナロジカル・デザインは「ターゲット」の目的や構造など、抽象化したレベルで似ている「ベース」を見出します。このとき、抽象化せずに具体的なレベルで類似しているモノゴトを見つけても、発想の飛躍には繋がりません。表面的に似ているだけでは、単なる「パクリ」になってしまいます。抽象化したレベルで似ているということは、本質的なところに共通点がある

ということです。同じ製品や同業他社の事例を真似るのではなく、異なる分野、それもできるだけ離れた分野にアイデアを求めることで本質的な気付きを得ることができます。

　例えば、Ａ酒店では最近売上が落ち込んでいます。しかし通りを一本隔てたところにあるＢ酒店は大変儲かっていると噂です。「そういえばこの店は最近改装してオシャレになった」「うちもそうしてみよう」というのが具体的なレベルでの発想です。たぶん、このようにしても売上は上がりません。

　今まで、Ｂ酒店はＡ酒店と同じように飲食店向けの卸販売が中心でした。Ｂ酒店はこれを見直し、一般客、特に女性を狙うようにしたのです。商品もワインなど女性好みのものを揃え、店舗も女性が入りやすい雰囲気にするための改装を行いました。顧客特性という抽象度を上げたところに着目しなければ、目に見える表面的なところを真似るだけでは効果はありません。Ａ酒店で従来どおり業務用を中心にするなら、店舗の見栄えなどは売上にほとんど関係ありません。

　それでは、Ａ酒店も女性客に狙いを変えて改装すればいいのでしょうか？

　たぶん、これも上手くいきそうにありません。通り一本隔てて同じようなコンセプトのお店があっても、お客は分散してしまうだけでしょうし、先に始めたＢ酒店の方がノウハウも溜まっており有利です。「店舗の外観」→「顧客特性」というように抽象度は上がっていますが、さらに抽象度の高いところで考えることはできないでしょうか？

　そもそもメインの卸販売が不調なのは、飲食店のニーズが多様化し、これに応えきれていないというものです。少量ずつ酒蔵から仕入れて販売しても、利益が薄く商売になりません。小口の注文を断った飲食店の中には、直接生産者から仕入れるところも出てきました。卸業者の役割が変わってしまったのです。

　そう考えると、卸の役割が変化しているのは酒販店だけではありません。他の業界にも流通革命の波は押し寄せています。

例えば、農協や漁協は旬の果物や海産物をインターネットで一般消費者にも販売しています。

「このままでは卸の役割がどんどん小さくなっていく」

「他の業界の卸は専門知識を活かして生産者と消費者を繋ぐ役割を担い始めている」

「うちは全国の酒処から美味しい酒を仕入れてきた」

「美味しい酒を紹介するのは自信がある」

ということで、全国各地の地酒情報を発信し、飲食店に加え一般客も注文できるサイトを作ることにしました。「女性客」のような「顧客特性」からさらに抽象度を上げて、他業界の「ビジネスモデル」にアイデアを求めたのです。ここまで抽象度を上げることで初めて有効な発想が生まれます。

アナロジー思考では、このように異分野に類似したものを見つけることで発想をジャンプさせます。しかし、他業界の「ビジネスモデル」といっても、この例では「食品」という点では同じカテゴリーです。さらに発想を飛ばして、例えば、卸というのは生産者から流れてきた商品をたくさんの消費者に分配するための分岐点というようにも考えられます。

そうすると、発電所で作られた電気を無数の家庭に届ける送配電システムにアイデアを求めることもできそうです。同じように、水道や人体を流れる血液の循環システムに新しい発見があるかもしれません。

異分野の類似したものというのは、抽象度の高いレベルで似ているということなので、ターゲットを抽象化して本質を掴むことが重要になるのです。でも、単に思いつきや先入観に基づいて抽象化しても本質は掴めません。そのためフェーズ1では全方位的にターゲットを具体化したのです。フェーズ1で集めた材料に基づいて抽象化することで、本質を逃さず抽象度を高めるのがフェーズ2での作業になります。

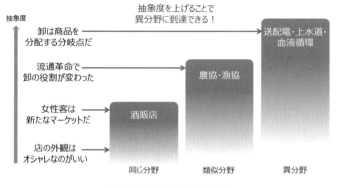

抽象度

抽象度を上げることで
異分野に到達できる！

卸は商品を
分配する分岐点だ → 送配電・上水道・血液循環

流通革命で
卸の役割が変わった → 農協・漁協

女性客は
新たなマーケットだ → 酒販店

店の外観は
オシャレなのがいい →

同じ分野　　　類似分野　　　異分野

異分野に類似点を探す！

## 抽象化の定義

　人が何かの目的に向かって思考するときは、「具体化」と
「抽象化」を繰り返しています。

　例えば、新しく鉄道の駅を建設するとします。まずは地質調
査や敷地の測量など事前調査を行います。さらに鉄道会社の要
望に加え、周辺住民や環境への影響など様々な情報を集めるこ
とになります。これが「具体化」のフェーズです。

　次に、これらの情報に基づいて基本設計を行います。様々な
要望や制約事項を総合して図面に落とし込んでいきます。これ
は「抽象化」のフェーズになります。

　基本設計が承認されると、個別の領域での詳細設計が行われ
ます。また、実際に建設を行うための実施計画が作られます。
どのような資材をいつまでに調達するのか？　工事はどのよう
な順番で行われるのか？　などを決めていきます。これが設計
を「具体化」した実施計画です。次に実施計画に基づき資材を
組み合わせて施工します。これは調査や設計、実施計画などを
建築物として「抽象化」する活動です。

これらのフェーズを細かく見ていくと、実際にはその中でも「具体化」と「抽象化」が行われていることが分かります。例えば電気・給排水の詳細設計では、電気や水の使用場所や使用方法など様々な想定を行いますが、これは「具体化」になります。これらを総合して基本設計の要件を満たす図面を作成するのは「抽象化」ということになります。

　鉄道駅のような大規模なものに限らず、DIYで本棚を作るときも、旅行するときも、引っ越しするときも、「具体化」と「抽象化」が繰り返されています。

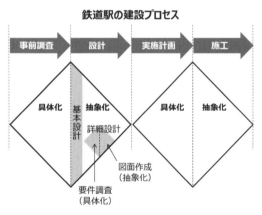

**鉄道駅の建設プロセス**

事前調査　設計　実施計画　施工

具体化　抽象化　基本設計　詳細設計

具体化　抽象化

図面作成
（抽象化）

要件調査
（具体化）

具体化・抽象化の繰り返し例

### ◆ グルーピング

　さて、改めて「抽象化」とはどのようなことでしょう？　1つには「複数のものをまとめて扱う」ことといえます。複数の要素があり、この中から幾つかを取り出してグルーピングするような場合です。

　オリンピックの開会式では各国の選手団が行進して登場します。これらの選手たちを日本人選手、中国人選手……というよう

にグルーピングすることが抽象化になります。限られた時間で伝えなければならないアナウンサーはすべての選手について一人一人の名前を伝えることはありません。「日本選手団が入場してきました」と実況します。これが抽象化して伝えるということです。他にも競技に着目すれば、体操選手、卓球選手、陸上選手……などにグルーピングすることもできます。

#### ◆ 捨象

　また、「注目すべき要素を残して他は捨て去る」ことを「捨象」といいますが、これも抽象化になります。

　1964年の東京オリンピックで初めて採用されたピクトグラムは、競技種目が一目で分かるように工夫されています。競技中の選手の体と最小限の道具がモノトーンで表現されるだけで、顔の表情やユニフォームの柄が描かれることはありません。その競技だと分かる重要な要素だけに着目し、それ以外は捨て去るという「捨象」の技法が使われています。このような抽象化によって、言葉が異なる世界中の人々も簡単に理解できるようになりました。

陸上競技（イメージ）

ピクトグラムの例

#### ◆ 構造化

　もう1つは「要素間の関係や構造を抽出する」ことです。

【関係性】

「クルマ」と「信号機」にはどういう関係があるでしょうか？
先ほどのグルーピングを使えばどちらも「交通関係」といえますが、この2つに着目した場合は「走行を制御するものと制御されるもの」という関係が見えてきます。

では「クルマ」と「徒歩」にはどのような関係があるでしょう？　こちらも「移動手段」のようにグルーピングできますが、環境への負荷や移動にかかる時間を比べると、とても対照的です。2つには「対立関係」がありそうです。

【階層構造】

今度はクルマの車体そのものを見ていきましょう。1台のクルマはエンジンや駆動系、ステアリングシステム、車体、電気系統などいくつもの部分が合わさって出来ています。さらにエンジンはシリンダーやピストン、点火プラグなどから構成されます。

このように複数の要素が集まって1つの集合体を作り、その集合体が集まってさらに大きな集合体を作っているような構造を「階層構造」といいます。

「階層構造」を持つのは物理的なモノだけではありません。複数の「手段」を使って1つの「目的」を実現することのように、「手段」と「目的」には「階層構造」が見られます。「手段」はさらに複数の「手段」に分割され、下位から見たときに上位は「目的」に、上位から見たとき下位は「手段」として認識されます。

また、多くの組織に見られる管理単位、あらゆる分野の分類方法（動植物、図書館……など）、人体、書籍の章立て、パソコンのフォルダ、スーパーマーケットの棚割などは「階層構造」の例といえます。さらに、後述する「因果関係」も「階層構造」の一種と考えられます。

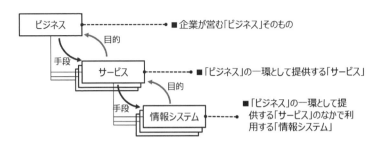

階層構造：企業活動における「手段」と「目的」

【順序構造】

　では、「キー」「アクセルペダル」「風」にはどのような関係があるでしょう？

　これもクルマに関係しています。まず、クルマのキーを回してエンジンを始動します。そして、アクセルペダルを踏むと走行を始め、窓から気持ちのいい風が入ってくる。そんなシーンが想像できます。

　ある要素の出力が次の要素の入力になり次の要素に出力され、この連鎖が繋がる構造を「順序構造」といいます。映画などのストーリーに該当します。原料から製品を製造したり、注文を受けて商品を出荷するなどのビジネスプロセスも、このような「順序構造」を持っています。

順序構造：バリューチェーン

## 【因果関係】

「順序構造」に似ていますが、「原因」と「結果」に着目するのが「因果関係」です。

「クルマの静粛性が上がったのはタイヤを変更したため」というような場合です。ただ、この場合、静粛性が上がった原因はタイヤの変更だけとは限りません。ウィンドウの密閉性を高めたことも原因になっているかもしれません。この場合は「原因」：「結果」はn：1になっています。

　反対に1つの「原因」が複数の「結果」を生むこともあります。静粛性が上がったことやブレーキの効きが良くなったことや燃費が向上したことなど、複数の「結果」はタイヤを交換したことが「原因」というような場合です。この場合は「原因」：「結果」は1：nになります。これは映画などではプロットと言われています。

　実際には「原因」と「結果」はn：nで複雑なネットワーク構造になる場合が多いのですが、この階層構造を抽出することで、ある部分の因果関係を明らかにすることができます。

「順序構造」ではこのようなn：1の関係にはならないですし、前の事象が必ずしも後の事象の「原因」というわけではありません。

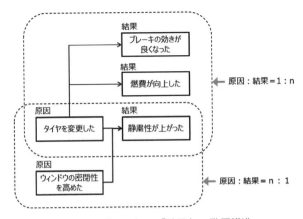

因果関係：「原因」と「結果」の階層構造

【循環構造】

　もう1つ、「順序構造」に似ているものとして「循環構造」があります。

　ハイブリッド車ではエンジンと電気モーターがついており、エンジンで電気モーターを動かしバッテリーを充電しています。しかし、坂道やブレーキをかけたときなどには運動エネルギーを使ってバッテリーを充電する仕組みがあります。

　通常は〈ガソリン→エンジン回転→バッテリー充電→電気モーター回転→運動エネルギー〉という「順序構造」ですが、坂道などでは〈運動エネルギー→バッテリー充電→電気モーター回転→運動エネルギー〉という循環構造を作ることで省エネを実現しています。

　このように、「順序構造」において最終的な出力が出発点の入力になるような閉じた構造を持つものを「循環構造」といいます。あらゆる種類のリサイクルは「循環構造」です。

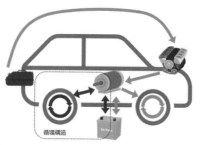

循環構造：ハイブリッド車

#### ◆ 弁証法

　最後に弁証法を取り上げます。

　弁証法は「対立または矛盾する2つの事柄を合わせることにより、高い次元の結論へと導く思考」です。

・通勤には短時間で楽なクルマを使うべきだ：テーゼ（正）

・いや、環境負荷が少ない徒歩で行くべきだ：アンチテーゼ（反）

　こうした対立軸があったとします。

・テレワークにすれば環境負荷も体への負担もなくなる：ジンテーゼ（合）

　クルマの運転が好きだったり歩くのが好きという人を除けば、通勤手段という観点ではどちらの問題も解決されます。このように一段上の次元で統合する（アウフヘーベン〈止揚〉）ことで対立を無効化します。これは、対立する要素の本質を合わせて別の概念を作る方法で、抽象化の一種といえます。

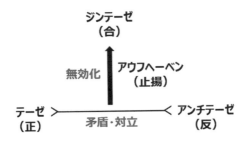

弁証法

　弁証法で大事なのは「妥協案」ではないということです。双方が少しずつ我慢する折衷案のようなものは弁証法ではありません。

　海外旅行を計画しているカップルがいたとします。

・アメリカに旅行に行きたい。（正）

・いや、ブラジルに行きたい。（反）

・じゃー中間にあるメキシコにしよう。（合？）

　これは弁証法ではありません。

・日程の半分をアメリカ、もう半分をブラジルにしよう。（合？）

　これも両者が我慢するだけなのでダメです。海外の人と交流したり、料理を楽しむことで、お互いの親睦を図るというのが旅行の目的であれば、一旦、旅行から離れてみます。

・例えば、海外から日本に来る旅行者をゲストに招いて、2人でホスト役をすることも考えられます。（合）

　アメリカとブラジルからの旅行者を伴って日本の名所を巡り、日本ならではの食事を振る舞う。観光旅行で素通りするより、それぞれの国の人とじっくり交流でき、日本も再発見できるかもしれません。カップルの親睦も深まりそうです。

　当初対立していたのは「旅行の行先」でした。しかし、これを抽象化することで、旅行の目的は「異文化に触れる」ことや「親睦を深める」ということが見えてきます。そうすると、こ

れを実現するのは旅行に限らないということが分かります。あとは、この目的を実現する方法を見つけるだけです。

　これは、先ほどの「階層構造」に出てきた「手段」と「目的」の応用例といえます。旅行を「手段」としてその「目的」を抽出し、「目的」の解決方法である（合）を見出します。


## 抽象化の意味

### ◆ 言葉と数字

　このように見てくると、「抽象化」という概念も構造化して捉えることができそうです。「グルーピング」や「捨象」、「構造化」、「弁証法」などを抽象化した概念が「抽象化」といえます。「抽象化」という言葉がそもそも、複数の要素を抽象化したものだったのです。

　そう考えると、私たちが使っている言葉はすべて「抽象化されたもの」であることに気付きます。

　例えば「果物」という言葉も何気なく使っていますが、これは「りんご」や「バナナ」や「みかん」などの総称です。「何か果物でも買ってきて」というとき、「『りんご』か『バナナ』か『みかん』か……のどれかを買ってきて」とは言いません。それでは効率が悪すぎます。

　「りんご」や「バナナ」や「みかん」を抽象化したのが「果物」で、これを使うことでコミュニケーションが格段に効率化されます。そして、「『りんご』か『バナナ』か『みかん』か……のどれかを買ってきて」というとき「ぶどう」が抜けていたとします。向かったスーパーにはりんごもバナナもみかんもなく、ぶどうだけがあったのですが、これを買うことはできません。でも「果物」というように抽象化されていれば、ぶどうを買うことができます。このように抽象化は「言わずに伝え

アナロジカル・デザイン

る」ことを可能にする強力なコミュニケーションツールなのです。

「果物」は「樹木や草に生る食用の実」というカテゴリーを「グルーピング」したものです。また、「果物」の一種である「りんご」には、「ふじ」や「シナノゴールド」や「世界一」など様々な品種があります。このような「階層構造」として捉えることもできます。

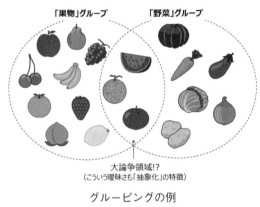

グルーピングの例

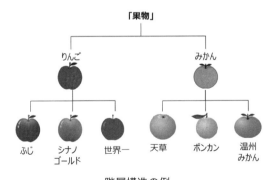

階層構造の例

「果物」のような名詞だけでなく、動詞や形容詞も抽象化の産物です。「登る」という動詞は「下から上に移動すること」一

般を抽象化したものです。「美しい」という形容詞は「調和が
とれていて快く感じられるさま」一般を抽象化したものです。
どちらも状況によって様々に表現できますが、これらの言葉に
抽象化することで効率的に伝えられ、ほとんどの人に同じ認識
を持たせることができます。

　さらに、数字も抽象化された概念です。「りんごが3個」「本
が3冊」「人が3人」などをまとめて「3」という属性で表現で
きるのは、数字がこれらを抽象化したものだからです。「3」の
認識は人類共通なので、「りんごを3個買ってきて」と言えば
間違いありません。

　数字がなかったら、「並べて置いたとき、右隣にりんごがあ
り、左隣にりんごがないものと、両隣にりんごがあるものと、
左隣にりんごがあり、右隣にりんごがない状態のりんごを買っ
てきて」となってしまいます。8個の場合はどうなるか想像も
できません！

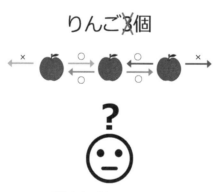

「数字」がなかったら？

### ◆ 人間の様々な活動

　数字を組み合わせた「数式」は数字同士の関係性を表現して
いますが、関係性も先に述べたとおり抽象化の一つです。物理

学ではこの世界の様々な現象を法則化して数式で表現します。一見、異なることのように見える「りんごの落下」と「天体の運行」に共通点を見出し、これを数式で表現するのは、抽象化の活動そのものです。

　芸術家は美しい景色やそれを見たときの心の動きを一枚の絵に抽象化して表現します。文学者は自らの経験や知識に基づき、これを文章というかたちに抽象化して表現します。言葉に数字、自然科学に芸術、文学、あらゆる人間の活動の鍵になるのが抽象化です。

　抽象化は私たち人間がコミュニーションするうえで必須の言葉をもたらし、この世界を理解するための科学の基盤となり、精神的豊かさの源である芸術や文学を作り出しました。抽象化によって人類は今のように発展できたのです。

　しかし、抽象化はプラスの面だけではありません。抽象化によって「世界をそのままに理解する」ことは永遠にできなくなってしまったのです。この点についてはコラム「色の名前と抽象化」（P. 147）を参照して下さい。

### ◆ 抽象化の広がり

　そして、抽象化には「100％の正解」というものがないことにも注意が必要です。

　これらのアイコンを抽象化してみましょう。

〈仕事〉

〈生活〉

〈遊び〉

例えば、このように抽象化できます。しかし〈仕事〉にある「飛行機」は仕事以外にも〈生活〉や〈遊び〉で利用することもあります。「時計」も同じでしょう。これはアイコンをモノゴトでいう「コト」と捉えた例です。

では、同じように「コト」と捉えて、それに関わる人数で見てみましょう。

〈複数人が関係する〉

〈一人だけが関係する〉

〈一人と複数人の場合がある〉

「エレベーター」は一人で乗ることもありますが、ここでは複数人に分類しました。「ナス」も「食べること」とすれば一人ですが、「農業」だとしたら複数人でしょう。

今度はモノゴトの「モノ」としてグルーピングしてみましょう。

「プレゼン」は使用しているスクリーンは植物由来の繊維（布）だろうとして分類しています。「工事」も利用する工具から分類しました。しかし、明らかに「コト」を示すアイコンを「モノ」視点で分類すると無理があります。

このように、どんな方法で抽象化しても「100％これしかない」というものにはなりません。

また、それを目指すのが目的でもありません。大切なのは、混沌とした情報（この場合はアイコン）から、どんな「意味」を見出すかということです。それには、様々な抽象化のアプローチを適用していくしかありません。

例えば、こんなふうにも抽象化できます。

趣味のひとりキャンプをしていると、テントに猫が現れる。その猫を捜して素敵な女性も現れる。猫好きの２人は意気投合してテニスを楽しむ。結婚が決まりハネムーンはハワイへ。

買い物をしているとゲームのアイデアを思いつく。パソコンで深夜まで提案書を書いて上司に提出。役員向けのプレゼンも成功し製品化が決まる。プレス発表では多くの記者が集まり写真を撮られる。一気に昇進を決める。

これは「順序構造」を抽出したものです。24個の同じアイ

コンを使っても、これだけ様々な抽象化ができるのです。同じ
情報を基にしていても、そこから解釈できることは千差万別。
抽象化というのはこのように広がりのあるものなのです。

# 色の名前と抽象化

　色の名前を最初に覚えたのはいつだったでしょう？　子供の頃に使った絵の具からという人も多いと思います。「ぺんてる12色絵の具セット」に入っているのは、しろ、きいろ、レモンいろ、きみどり、ビリジアン、あお、あいいろ、あか、しゅいろ、ちゃいろ、おうどいろ、くろになります。

　仕事をするようになって「和色」という日本の伝統色があることを知りました。『和色大辞典（https://www.colordic.org/w）』というサイトには全部で465の伝統色が登録されています。「赤」系統だけでも50色は超えるのではないでしょうか。これらの色は昔から染織物や絵画、焼き物などで使われていたそうで、改めて日本人の繊細さに感心させられます。名前もとても趣のあるものです。「珊瑚色（さんごいろ）」「薄柿（うすがき）」「勿忘草色（わすれなぐさいろ）」「若葉色（わかばいろ）」など植物由来の名前や「藍鉄（あいてつ）」「砂色（すないろ）」「赤銅色（しゃくどういろ）」など鉱物由来のものもあります。「鴇色（ときいろ）」「象牙色（ぞうげいろ）」など動物からとったものや、「東雲色（しののめいろ）」「虹色（にじいろ）」などの気象現象もあります。

当たり前かもしれませんが、和色の名前は自然から取られているものが多いことに気付きます。初夏の草木のやわらかい緑を「若葉色」、夜明け前の空の色は「東雲色（しののめいろ）」というわけです。改めて、古来から日本人の生活は自然と共にあったということが分かります。

　私の色名に関する語彙はぺんてるの12色を大きく上回るものではありません。昔の日本人が400色以上の名前を使い分けていたとしたら、それは、本当に尊敬に値することだと思います。「石竹色」と「薄紅梅」はよく似た薄い赤系統の色ですが、これらの違いを感じるだけではなく、違いに基づいてモノを作ったりコミュニケーションに使ったりできるというのはすごいことです。2つの似た色でも隣り合わせれば、大抵は違いが分かります。でも、それぞれに違う名前を付けるというのは、また、意味が変わってきます。その名前に基づいた創作やコミュニケーションが可能になるということだからです。

## 名前を付けるということ

　さて、それでは「名前を付ける」とはどういうことでしょうか？　それは、何かと何かを区別して理解するということです。「石竹色」は「薄紅梅」とは異なるということを宣言するために「石竹色」と名付けられています。しかし「「石竹色」より少し赤味が強いけど「薄紅梅」ほどではない」という色も存在します。「石竹色」と「薄紅梅」の中間色です。その色には少なくても和色では名前が付いていないようです。

「石竹色」と「薄紅梅」の間には理論的には無限の色が含まれているはずです。名前を付けられた色については認識されますが、この間にある無限の色については普段認識されることはありません。ごっそりと取り漏らしてしまっているということです。もちろん、12色に比べれば465の和色の方がきめ細かな認識が可能ですが、自然界をそのまま表現しているとは言えません。コンピューター上で色を表現する方法の一つであるRGBでは「石竹色」はR:229 G:171 B:190と表されます。RGBは赤、緑、青の各色を0〜255の数字で表し様々な色を表現する方法です。

　16,777,216色を表現できるので、465色と比べても遥かに多くの色を扱うことができます。しかし、赤，緑，青の各色を0〜1023の数字で表すことも可能で、その場合1,073,741,824色が表現可能になり、現行のRGBで表現できている色もほんの一部ということになります。これにはキリがなく、どこまでいっても私達が色を識別して表現しようとすると、一部分を切り取ったものにしかならないということです。

　とはいうものの、名前がついているお蔭で人間は創作やコミュニケーションが可能になったのも事実です。和色の名前はもちろんRGBの数列も名前の一種になりますが、このような名前を付ける行為は抽象化の典型的な例になります。抽象化することでコミュニケーションが可能になりますが、モノそのものは表すことができなくなってしまうのです。このような一長一短が抽象化という行為には付きまといます。

## 世界は抽象化で出来ている？

色の名前に限らず私達が使う言葉にはすべて同じ性質があります。言葉も現実の世界を抽象化したものです。「好き」と「嫌い」の間には様々な感情があるはずです。同じ「好き」でも様々、同じ「嫌い」でも様々でしょう。「正しい」と「間違い」もすべてがどちらかに分けられるようなものではありません。ところが、私達の言葉で表すと単純化されてしまい、その言葉で表現できることに沿って行動も規定されてしまいます。言葉にはそのような限界もありますが、一方で言葉がなければコミュニケーションは非常に限られたものになってしまいます。

「赤いリンゴを3個買ってきて」

「赤い」という言葉は多くの人に共有されています。同じように「リンゴ」も「3個」も「買う」も抽象化された概念で多くの人に共有されているためコミュニケーションが可能になります。言葉を使ったコミュニケーションが可能になったので、人類は社会を作り、今のように発展することができたのです。抽象化は人が人であるための根本的な能力と言えます。

では、言葉を持たない動物にはこの世界はどのように見えているのでしょう？

　動物は色に名前を付けることはありません。もちろん、自分の感情を言葉で表現することもありません。彼らは抽象化の恩恵、つまり言葉でコミュニケーションするということができません。しかし、彼らの認識は抽象化することで単純化されたり、切り捨てられることもありません。言葉のない世界に住む彼らの方がこの世界をありのままに、完璧に認識しているとも言えます。12色や465色どころではなく、自然の色をそのまま体験しているのかもしれません。そして、それは「色」についてだけではないのです。

猫には色が見えていないと言いますが……

## 2-1 基礎的な抽象化

　それではフェーズ1のアウトプットである「構造化されない調査結果」を材料にして、これを抽象化していきましょう。抽象化の目的はターゲットの本質を掴むことになります。しかし、多くの人が納得するような「正解」を求める必要はありません。自分が思う本質に近づくことが重要です。

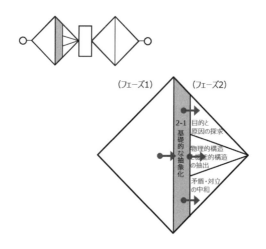

### ◆ 2-1-1　インデックス付け

　ここでは、まず基礎的な抽象化としてグルーピングすることから始めます。
「構造化されない調査結果」は、関心領域や特徴領域から調査を進めたものでした。
・論理的に分析が進んだ領域
・本筋から外れた脇道の調査
・単なるトピックや断片的な情報
　など、様々な情報が混沌としています。

これらの調査結果は数行のメモ書きのようなものから、ノート数ページにわたるものまで、様々かもしれません。これらにインデックスとして「番号」と「見出し」を付けていきます。そして、同じ「番号」と「見出し」を付箋紙に書き出します。分量の多いものは、A4用紙半分から1枚を目安に分割してください。分量の少ないものは、他のものと統合する必要はありません。そのまま1つの調査結果として扱います。

「見出し」は深く考えずに付けてください。思い浮かばないときは文章の冒頭の数語をそのまま抜き出しても結構です。「番号」にも意味はありませんので、ランダムに付けて構いません。付箋紙から原本（Excelデータなど）をたどることができればいいので、考えすぎないことがポイントです。

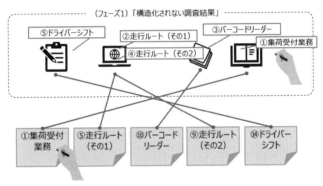

「構造化されない調査結果」にインデックスを付けて付箋紙に書き出す

## ◆ 2-1-2　グルーピング

　インデックスを書き出したら、これらの付箋紙をすべて貼っていきます。全体を見渡して、同じ属性のものをまとめます。この調査結果とこの調査結果は「似ているな」と思ったら、それらをそばに置きます。このとき「どういう観点で似ていたか」を考えてみましょう。

例えば「同じ使い勝手のこと」だとか、「同じ内部構造のこと」だとか、「同じ生産プロセスのこと」だとかが見えてきます。そうしたら、その同じ観点のものを他の付箋紙から探してそばに配置していきます。グルーピングの属性には様々なものがあるので、先入観を排除して自由に発想することが大事です。

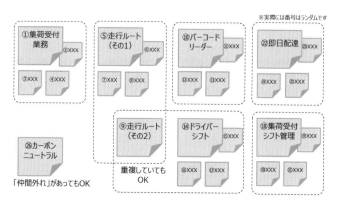

※実際には番号はランダムです

①集荷受付業務 ②XXX ③XXX ④XXX

⑤走行ルート（その1） ⑥XXX ⑦XXX ⑧XXX

⑩バーコードリーダー ⑪XXX ⑫XXX ⑬XXX

㉒即日配達 ㉓XXX ㉔XXX ㉕XXX

㉖カーボンニュートラル

「仲間外れ」があってもOK

⑨走行ルート（その2）

⑭ドライバーシフト ⑮XXX ⑯XXX ⑰XXX

重複していてもOK

⑱集荷受付シフト管理 ⑲XXX ⑳XXX ㉑XXX

同じ属性のものをグルーピング

アナロジカル・デザイン

例えばフェーズ1では「ビジネス特性」「空間的特性」「時間的特性」「社会的特性」の4つの特性に沿ってターゲットを具体化したのだから、まずはこの観点で分類してみようというようには考えないでください。このようなトップダウンの考え方は発想の幅を狭め、凡庸なものにしてしまいます。目の前にある調査結果をすべてフラットに眺め、ボトムアップ思考でグルーピングします。

例えば、あるサービスの「企画段階」の調査結果として1つのグループが出来たとします。次に探したくなるのは「設計段階」の調査結果でしょう。そして次は「運用段階」としてグルーピングしたくなります。「企画」→「設計」→「運用」というように、グルーピングしたあとの状態が何らかの意味を持っているような分け方です。

しかし、すべての付箋紙がこのようにきれいにグルーピングできることは稀ですし、それを目的にしなくて結構です。「企画」→「設計」まで上手くいっても、「運用」に該当するものがなく「情報システム」としてグルーピングできるかもしれません。それでも、ボトムアップ思考の結果であれば全く問題ありません。

　インデックスを振るときに、分量の多い調査結果は分割しました。なので単純に考えれば分割前の単位にグルーピングできるはずです。しかし、ここでは分割したものを個別の調査結果とみて、他の調査結果とグルーピングできないかも探ってください。

　どうしてもグループに入らないものはそのままにしておきます。無理にどこかのグループに押し込める必要はありません。先に述べたとおり抽象化に正解はありません。自分である程度「しっくりくる」グルーピングができたら基礎的な抽象化は完了です。後のプロセスで何度かこのグループ分けに戻ってくるので、元に戻せるように記録しておいてください。写真を撮っておくのが簡単です。

## 2-2　目的と原因の探求

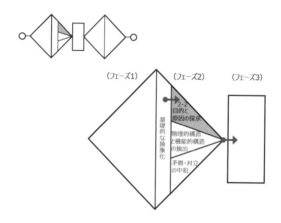

　次に「目的」と「原因」からターゲットの本質を探っていきます。本質というのは、ターゲットをターゲットたらしめている特性のことで、モノゴトの根本的な性質のことです。

　この「根本的な性質」とは何でしょう？　様々な解釈があると思いますが、ここでは、

・「何に（What）貢献しているか？」
・「なぜ（Why）そうなっているか？」

　が「根本的な性質」の大きな領域を占めていると考えています。

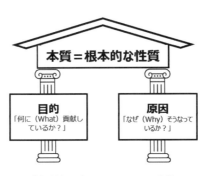

「本質」を捉えるための2本柱

　まず「目的」と「原因」にある「階層構造」に着目します。

　1つ目は「手段」と「目的」の階層構造です。通常、複数の「手段」を使って1つの「目的」を実現しますが、「手段」はさらに複数の「手段」に分割され、下位から見たときに上位は「目的」に、上位から見たときに下位は「手段」として認識されます。「手段」を抽象化することで「目的」を探ります。これは「何に（What）貢献しているか？」を追求する活動です。

　2つ目は「結果」と「原因」の階層構造です。「因果関係」と言われているもので、複数の「原因」が1つの「結果」を生み出しているような構造です。反対に複数の「結果」が1つの「原因」から生み出されている場合もあります。どちらの方向にもn：1の階層構造が見られます。ここでは後者に着目し、「結果」を抽象化することで「原因」を探ります。これは「なぜ（Why）そうなっているか？」を追求する活動です。

　これら「目的」と「原因」を探ることでターゲットの本質に近づきます。しかし、ここでも1つだけ「正解」になる「本質」があるとは考えないでください。モノゴトの本質は観点によって様々ですし、個人の価値観によっても大きく異なります。「クルマの本質は個人に自由な移動手段を提供することだ」と考える人もいれば、「地球環境を悪化させるCO$_2$製造マシン」と捉える人もいます。あるいは「60年代のアメ車最高！　消

費者を魅了するデザインこそクルマの本質」という人もいるかもしれません。

　先入観にとらわれることなく、目の前の調査結果を解釈していきましょう。


### ◆ 2-2-1　目的の探求

〈2-2-1-1「見出し」の設定〉

「2-1　基礎的な抽象化」では調査結果をグルーピングしましたが、まずは、これらのグループを1つずつ見ていきます。あるグループの個々の調査結果について「何に（What）貢献しているか？」を考えます。

　情報システムの機能に関するものであれば、あるサービスの効率化に貢献しているかもしれません。クルマのタイヤに関するものであれば、ユーザーの乗り心地に貢献しているかもしれません。

　グループには「何に貢献しているか？」を説明した「見出し」を付けます。1行に収まる長さで、グループの「目的」を圧縮して表現してください。2-1でインデックスを振る際の見出しは、あまりこだわることなく付けましたが、ここでは適切な見出しになるよう考えます。グループの個々の調査結果を「手段」と捉え、「目的」となることを「見出し」として付けます。

　例えば、宅配サービスで使用される情報システムは「集荷サービスに貢献」しているかもしれません。「集荷サービス」には顧客を待たせず迅速に集荷するということと、ドライバーが効率的に集荷先を回れるという2つの大きな要件があります。

　グループの調査結果をよく見ると、ドライバーの効率的な集荷業務に関する情報が集まっていたとします。その場合は「ドライバーの効率的な集荷業務に貢献」というようにいえるで

しょう。さらに、集荷業務における「走行ルート最適化」に貢献しているかもしれませんし、「積み荷の最適配置」に貢献しているかもしれません。このような「見出し」付けも抽象化の一環で、抽象化のレベルをどこに置くかということです。

　ある職場にいる人々をさして「人類です」や「日本人です」というより「○○株式会社の□□部所属の社員です」と説明した方が適切です。もちろん具体的すぎても良くありません。好い加減の「塩梅」を見つけ出してください。

　さて、あるグループの個々の調査結果がすべて「走行ルート最適化」に貢献というようにまとまっていれば良いのですが、グループ内の一部の情報は、例えば「積み荷の最適配置」に貢献している場合もあります。完全にすべての調査結果を抽象化することができず、「この調査結果がなかったら、この見出しが付けられるのだがなぁ」という場合です。

　その場合はグループを分けて、それぞれに見出しを付けてください。もし、「仲間外れ」の付箋紙に何か見出しを付けられるような目的を見出せない場合は、そのまま置いておきます。注目すべき要素を抜き出して、それに見出しを付けるので結構です。これは「捨象」の要領です。

　フェーズ1では、そもそも、「目的」の「手段」になることを想定して調査したわけではありません。なので「手段」らしくない調査結果もたくさん含まれていると思います。ここでは、そのような調査結果も「手段として読み替えたらどうか？」という発想で考えてみてください。

　ただし、どうしても「手段」のようには捉えられない調査結果は、「仲間外れ」のままで結構です。

　同じ要領でそれぞれのグループに見出しを付けていきます。そのとき、既に見出しを付けた他のグループに持っていった方がしっくりくる付箋紙がある場合は、移動してください。「仲間外れ」になった付箋紙同士に同じ内容のものがある場合は、これらをグルーピングして見出しを付けます。複数のグループ

に所属する付箋紙があっても構いません。

「宅配ビジネス」を例にすると、ある調査結果のグループが、集荷の受付システムに関するものの場合は「集荷業務のミス防止と高速化に貢献する」、トラックの走行ルートに関するものの場合は「最適なトラック走行ルートの決定に貢献する」、配達スケジュール管理やバーコードリーダーに関するものの場合は「誤配送をなくすことに貢献する」という感じです。

（ここで「業務の効率化に貢献」とやると、どのビジネスにもいえる一般的なものになるので注意してください。ターゲットのエッセンスが残るように抽象化します）

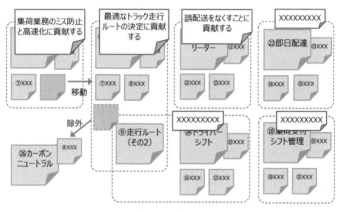

目的「見出し」を付ける

### 〈2-2-1-2 「中見出し」の設定〉

ひととおり、グループに「見出し」を付けたら、今度はこの「見出し」に着目します。先ほどはグループ内の個々の調査結果が「手段」で、見出しが「目的」でした。今度は「見出し」を「手段」として見ていきます。

「見出し」を「手段」として見たとき、同じ「目的」に貢献しそうなものをまとめてグルーピングします。そして、これにま

アナロジカル・デザイン

た「見出し」を付けていきます。これを「中見出し」と呼びましょう。

　先ほどグループに付けた、
「集荷業務のミス防止と高速化に貢献する」
「最適なトラック走行ルートの決定に貢献する」
　には「荷物を早く間違いなく集荷する」という「中見出し」が付けられます。

　一方、
「誤配送をなくすことに貢献する」「最適なトラック走行ルートの決定に貢献する」をグルーピングすると、「荷物を早く間違いなく配達する」という「中見出し」になります。「最適なトラック走行ルートの決定に貢献する」は、集荷でも配達でも高速化に貢献するので、どちらでも使うことにしました。

### 〈2-2-1-3 「統合見出し」の設定〉

　ひととおり「見出し」のグルーピングと「中見出し」付けが終わったら、同じ要領で、今度は「中見出し」を「手段」と捉えてグルーピングし、「統合見出し」を付けます。
　上の例でいえば、
「荷物を早く間違いなく集荷する」「荷物を早く間違いなく配達する」
　の見出しを付けることになります。
　これをよく見ると、宅配ビジネスは送り手と受け手の両方に価値を提供していることに（当たり前ですが）気付きます。そうすると、例えば「送り手と受け手の円滑なコミュニケーションを実現することに貢献する」というような「統合見出し」が付けられます。
　こうすることで、宅配ビジネスを「物理的な『モノ』を媒介にしたコミュニケーションプラットフォーム」として捉えることができるようになります。

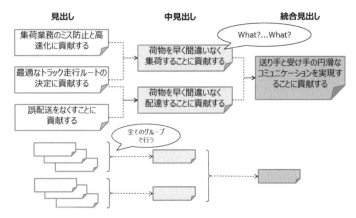

見出し　　　　　　　　中見出し　　　　　統合見出し

集荷業務のミス防止と高
速化に貢献する

最適なトラック走行ルートの
決定に貢献する

誤配送をなくすことに
貢献する

荷物を早く間違いなく
集荷することに貢献する

荷物を早く間違いなく
配達することに貢献する

What?…What?

送り手と受け手の円滑な
コミュニケーションを実現す
ることに貢献する

全てのグループ
で行う

「中見出し」から「統合見出し」への抽象化

　それぞれの階層で「仲間外れ」が出たときの対応などは、最初に「見出し」を付けたときと同じです。この手順を、最終的に1つの「見出し」に統合されるところまで繰り返しますが、無理に抽象化することで本質が散逸してしまうようであれば、その前のレベルでやめて構いません。2〜3個の見出しに収斂（しゅうれん）していれば、それで結構です。

　最終的な「統合見出し」が「目的」という観点におけるターゲットの本質です。これを見て、いかがでしょう？「しっくりくる」という場合はいいのですが、「いまひとつ、自分のイメージに合わない」ということもあると思います。

　そういうときは「2-1　基礎的な抽象化」のグルーピングからやり直すか、この節の最初に戻って「手段」→「目的」の階層構造を作り直してください。この一連の抽象化プロセスでは、自分の意思をどんなに反映しても構いません。

　自分の興味や関心でグルーピングを様々に変更しても、個々の調査結果を読み替えても結構です。

　しかし、最終的に出てきた「統合見出し」を自分のイメージに合わないからといって、これらのプロセスを経ずに書き換えるのはやめましょう。それでは先入観に基づいた「本質らしき

もの」にしかなりません。ボトムの情報を信頼することが重要です。ボトムアップ思考の結果こそが、先入観を排除したターゲットの本質です。それがもし自分のイメージに合わない場合は、そこに大きなヒントが潜んでいる可能性があります。

　ここまでの手順をおさらいします。

・「2-1　基礎的な抽象化」で作ったグループを「手段」と捉え、「目的」となる「見出し」を付ける。
・このとき、グループ分けを見直しても良い。
・「見出し」を「手段」と捉え、同じ「目的」に貢献するものをグルーピング。
・このグループの「目的」になる「中見出し」を付ける。
・「中見出し」を「手段」と捉え、同じ「目的」に貢献するものをグルーピング。
・このグループの「目的」になる「統合見出し」を付ける。


## ◆ 2-2-2　原因の探求

### 〈2-2-2-1　「見出し」の設定〉

　つぎにターゲットの「原因」を探ります。

　撮っておいた写真などから2-1のグループを再現し、これを参照します（2-2-1の結果ではありません）。今度はグループの個々の調査結果について「なぜ（Why）そうなっているか？」を考えます。つまり、個々の調査結果を何らかの「結果」と捉えて、その「原因」を考えるというわけです。

　情報システムの機能であれば、業務プロセスを踏襲しているのが「原因」かもしれません。クルマのタイヤに関するものであれば、安定性や安全性が「原因」かもしれませんが、クルマが発明された時の経緯に「原因」を探ることができるかもしれません。同じ調査結果を出発点にしていても、「2-2-1　目的の探求」とはベクトルが違うことを意識してください。

グループには「なぜそうなっているか？」を説明した「見出し」を付けます。1行に収まる長さで、グループの「原因」を圧縮して表現してください。グループの個々の調査結果を「結果」と捉え、「原因」となることを「見出し」として付けます。

　例えば、宅配サービスで使用される情報システム機能は「集荷業務のプロセスを踏襲」していることが原因かもしれません。「集荷業務プロセス」にも様々あり、「集荷依頼の受付業務」もあれば「走行ルート計画業務」もあります。グループの調査結果に照らして適切な抽象レベルで「見出し」を付けてください。

　グループの個々の調査結果は1つの「原因」にまとまれば良いのですが、一部の調査結果には他の「原因」が見られる場合もあります。その場合はグループを分けて、それぞれに見出しを付けてください。もし、「仲間外れ」の付箋紙に何か見出しを付けられるような「原因」を見出せない場合は、そのまま置いておきます。

　フェーズ1では、そもそも、「原因」の「結果」になることを想定して調査したわけではありません。なので「結果」らしくない調査結果もたくさん含まれていると思います。ここでは、そのような調査結果も「結果として読み替えたらどうか？」という発想で考えてみてください。

　ただし、どうしても「結果」のようには捉えられない調査結果は「仲間外れ」のままで結構です。

　同じ要領でそれぞれのグループに見出しを付けていきます。そのとき、既に見出しを付けた他のグループに持っていった方がしっくりくる付箋紙がある場合は、移動してください。「仲間外れ」になった付箋紙同士に同じ内容のものがある場合は、これらをグルーピングして見出しを付けます。複数のグループに所属する付箋紙があっても構いません。このあたりの要領は「2-2-1　目的の探求」と同じです。

　「宅配ビジネス」を例にすると、ある調査結果のグループが、

集荷受付システムに関するものの場合は「できるだけ早く集荷するため」、トラックの走行ルートに関するものの場合は「できるだけ早く配達するため」、ドライバーのシフトに関するものの場合は「ドライバーの過不足を起こさないため」、集荷受付要員のシフトに関するものの場合は「集荷依頼の件数が変動するため」という感じです。

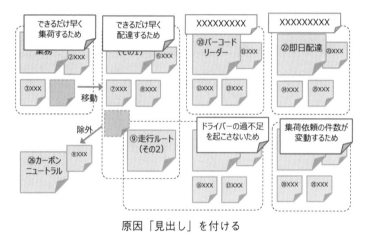

原因「見出し」を付ける

### 〈2-2-2-2 「中見出し」の設定〉

　ひととおり、グループに「見出し」を付けたら、今度はこの「見出し」に着目します。先ほどはグループ内の個々の調査結果が「結果」で、見出しが「原因」でした。今度は「見出し」を「結果」として見ていきます。

「見出し」を「結果」として見たとき、同じ「原因」と考えられるものをまとめてグルーピングします。そして、これにまた「見出し」を付けていきます。これを「中見出し」と呼びましょう。

　先ほどグループに付けた、
「集荷依頼の件数が変動するため」

「ドライバーの過不足を起こさないため」

には「忙しい時と暇な時があるため」というような「中見出し」を付けられます。

一方、

「できるだけ早く集荷するため」「できるだけ早く配達するため」をグルーピングすると、「配達と集荷という異なる顧客に満足してもらうため」という「中見出し」になります。


### 〈2-2-2-3 「統合見出し」の設定〉

ひととおり「見出し」のグルーピングと「中見出し」付けが終わったら、同じ要領で、今度は「中見出し」を「結果」と捉えてグルーピングし、「統合見出し」を付けます。

上の例でいえば、

「忙しい時と暇な時があるため」

「配達と集荷という異なる顧客に満足してもらうため」

の見出しとして、

「顧客のタイミングに合わせて異なるサービスを同時に提供するため」

というような「統合見出し」が付けられます。

顧客のタイミングに合わせるビジネスはたくさんあると思います。しかし、そんな業務を2つ同時に（多くの場合、1人のドライバーが）行うのは宅配くらいではないでしょうか？

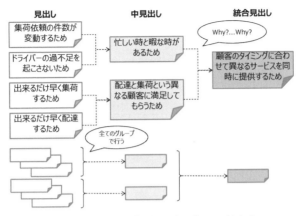

「中見出し」から「統合見出し」への抽象化

　ここまでくると、宅配ビジネスの本質がおおよそ見えてきます。それぞれの階層で「仲間外れ」が出たときの対応などは、最初に「見出し」付けしたときと同じです。この手順を、最終的に1つの「見出し」に統合されるところまで繰り返します。「2-2-1　目的の探求」と同様になりますが、以下が注意点になります。

・無理に抽象化することで本質が散逸してしまう場合は、その前のレベルでやめる（2〜3個の見出しに収斂していればOK）。
・「統合見出し」が自分のイメージに合わない場合は、「2-1　基礎的な抽象化」のグルーピングからやり直すか、または、この節の最初に戻って「結果」→「原因」の階層構造を作る。
・抽象化においては自分の意思をどんどん反映する。
・「統合見出し」を見てイメージに合わないとき、抽象化のプロセスを経ずに書き換えるのはNG。
・ボトムアップ思考の結果こそが、先入観を排除したターゲットの本質。
　ここまでの手順をおさらいします。

- 「2-1　基礎的な抽象化」で作ったグループを「結果」と捉え、「原因」となる「見出し」を付ける。
- このとき、グループ分けを見直しても良い。
- 「見出し」を「結果」と捉え、同じ「原因」が考えられるものをグルーピング。
- このグループの「原因」になる「中見出し」を付ける。
- 「中見出し」を「結果」と捉え、同じ「原因」が考えられるものをグルーピング。
- このグループの「原因」になる「統合見出し」を付ける。

## 2-3　物理的構造と機能的構造の抽出

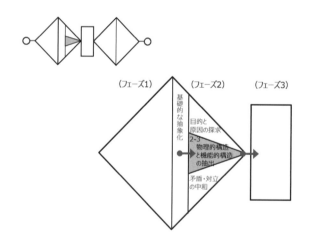

　次に着目するのは、ターゲットの「物理的構造」と「機能的構造」です。

　ターゲットが有形物の場合、物理的構造を持っています。クルマにはタイヤがあり、そこに車体が載せられていて、車体にはドライバーシートが組み付けられています。ドライバーが握

るステアリングはコラムを通してタイヤに繋がっており、ステアリングの回転をタイヤに伝えます。このような、モノとモノの関係性のことを「物理的構造」といいます。

クルマの物理的構造

　有形物にはこのような物理的構造に加え、機能的構造もあります。クルマの主な機能は「動く」「曲がる」「止まる」になりますが、これらの働きのことを「機能」といいます。クルマの「動く」機能は「曲がる」機能と一緒に使われます。「動く」機能と「止まる」機能は一緒に使われることはありませんが、交互に使われます。このような機能と機能の関係性のことを「機能的構造」といいます。

　物理的構造と機能的構造は別々に独立しているのではなく、これらの間にも関係性があります。「動く」機能のためにはエンジンやトランスミッションなどの物理的構造が関係しています。「曲がる」機能では、ステアリングやタイヤが重要な役割を担い、「止まる」機能ではブレーキシステムが利用されます。

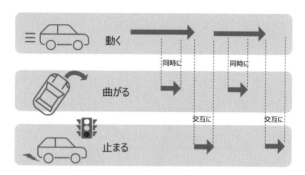

クルマの機能的構造

　ビジネスやサービスなど無形物の場合は、物理的構造はありませんが機能的構造があります。ビジネスモデルやバリューチェーンなどは、ビジネスの機能的構造を抽象化して表したものです。

　ここでは、物理面と機能面に着目して構造化することでターゲットの本質を探ります。構造化する素材は「2-1　基礎的な抽象化」の結果になります。まずは、グルーピングしたものに名前を付けていきます。あまり深く考える必要はありません。グループを表す短いキーワードを付けていきましょう。

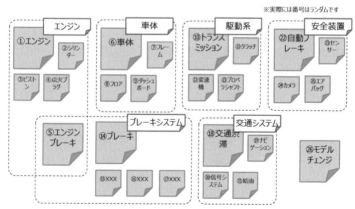

「2-1　基礎的な抽象化」の結果に名前を付ける

## ◆ 2-3-1　物理的構造の抽出

　ターゲットが有形物の場合、物理的構造の抽出を行います。「2-1　基礎的な抽象化」では単に似ているものをグルーピングしました。ここでは、構造に着目してグループ同士の関係を見つけます。必要であればグループをさらに小グループに細分化したり、グループ自体を見直しても結構です。

　「2-1　基礎的な抽象化」の結果を、すべて網羅的に構造化する必要はありません。全体を見渡して構造化できそうなグループを選択します。ある1つのグループの中の個々の付箋紙を構造化できるかもしれません。明らかに物理的なことではないグループは、対象外として端に寄せておきましょう。


【階層構造】

　大抵の物理的構造には「階層構造」があります。エンジンはシリンダーやピストン、点火プラグなどから構成されますし、車体はフレームやフロア、ダッシュボードなどから構成されます。グループとグループの間にこのような「階層構造」があるか確認してください。さらに、グループの中の付箋紙にも「階層構造」があるか確認してください。

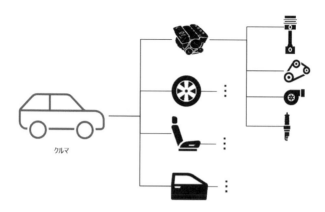

クルマの物理的な階層構造①

「階層構造」を抽出するとき、どのレベルに視点を置くかにも注意してください。ターゲットが「クルマ」という製品であれば、エンジン、車体、駆動系……というレベルになりますが、例えば「クルマ」を移動手段として捉えれば、交通システム全体に視点を置く必要が出てきます。道路、信号機、ガソリンスタンド……などが物理的要素になってきます。

　反対に「クルマ」のある部分に焦点を当てている場合には、別の視点が必要です。例えば、安全装置にフォーカスしているなら、カメラ、センサー、レーダー……などが重要な物理要素になるでしょう。

　このように、ターゲットをマクロで見るかミクロで見るかでフォーカスする物理要素は変わってきますので、適切なレベルで「階層構造」を抽出してください。

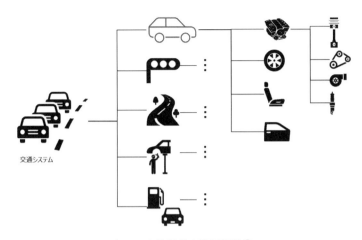

クルマの物理的な階層構造②

【順序構造】

　同じ要領で「順序構造」についても見ていきます。例えば、クルマを動かすエネルギーに着目してみます。ガソリンが持っているエネルギーは化学エネルギーですが、これが燃焼によって熱エネルギーに変換されます。この熱エネルギーによってピストンが押し出されることで運動エネルギーに変換されます。

　ピストンはシリンダーの中を直進しますが、この運動はクランクシャフトによって回転運動に変換されます。クランクシャフトの回転はいくつもの歯車を通してタイヤに伝えられ、タイヤを回転させます。タイヤは地面と接しており、摩擦によりクルマを直進させます。

　運動エネルギーは「直進」から「回転」に、また「直進」にと、その方向を何度も変えています。このようなエネルギーの伝達や変換に着目することで「順序構造」が明らかになります。

　また、有形物は必ず製造プロセスを持っていますので、ここにも「順序構造」があります。

　板金を「プレス」して「溶接」し、出来た部材を「組み立て」て車体を作り、最後に「塗装」する……などの製造プロセ

173

スは、利用面からでは分からないクルマの本質を表している可能性があります。

　このような物理的構造は、「階層構造」または「順序構造」のどちらかだけで整理できるとは限りません。エンジンを頂点にする階層構造のグループと、駆動系を頂点にする階層構造のグループは、「順序構造」で繋がっているかもしれません。あるいは、エンジンのグループ内を「階層構造」として捉えることもできれば、「順序構造」として捉えることも可能です。いろいろな可能性を探ってみてください。

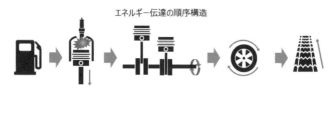

エネルギー伝達の順序構造

製造プロセスの順序構造

## ◆2-3-2　機能的構造の抽出

　機能的構造は有形物にも無形物にもあります。有形物の場合でもモノに着目するのではなく、機能に着目して構造化することができます。

### 〈2-3-2-1　有形物〉

【階層構造】

　クルマの主な機能は「動く」「曲がる」「止まる」といいましたが、例えば「曲がる」機能にはステアリングの動きをタイヤ

に伝える機能があります。他にウィンカーなども「曲がる」機能として考えることができます。ウィンカーはクルマが曲がるときにその方向を示すため点灯するよう法令で決まっているものですが、もちろん、ウィンカーを点けずに「曲がる」こともできます。しかし、実際にクルマを公共の道路で利用する場合はウィンカーがないと「曲がる」ことができません。なのでウィンカーは「曲がる」ための重要な機能の一つといえます。

　ここが物理的構造とは異なる点になります。

「動く」「曲がる」「止まる」という機能以外にも、例えば「安全」という観点で機能を抽出することもできます。夜間の走行は遠くまで視界がきくハイビームが安全ですが、対向車がある場合は危険です。最近は対向車を感知して自動で切り替える「自動ハイビーム機能」が装備されるようになっています。また「横滑り防止機能」は、カーブを曲がるときにクルマがカーブの外側へふくらんだり、内側へ巻き込んだりする挙動を防止するものです。「自動ブレーキ機能」は、障害物を感知して減速する機能です。

「自動ハイビーム機能」は「動く」機能、「横滑り防止機能」は「曲がる」機能、「自動ブレーキ機能」は「止まる」機能として階層化することもできます。安全に関する機能は様々な機能を横断して装備されているという構造が見えてきます。

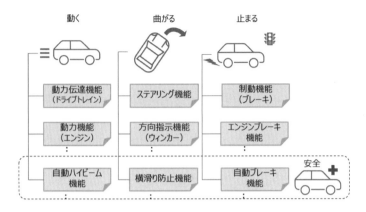

クルマの機能的な階層構造

【物理的構造と機能的構造の関係】

　クルマが止まる（減速する）ためには、通常のブレーキの他にエンジンブレーキも重要な役割を果たしています。「動く」機能で中心的な役割を持つエンジンが、「止まる」機能としても使われているのです。エンジンという物理的構造は、機能的には「動く」と「止まる」という正反対の機能に利用されているということになります。

　一方、ハイブリッド車などでは、ブレーキをかけたときの運動エネルギーを回収してバッテリーを充電する仕組みを持つものがあります。これは「止まる」機能で中心的な役割を持つブレーキが、「動く」機能にも貢献しているという例になります。

　このように、物理的構造との関係で機能的構造を把握すると新しい発見があります。

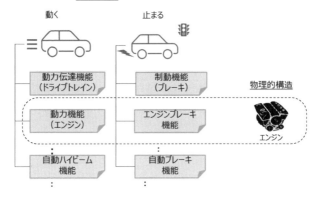

機能的構造と物理的構造の関係

## 【順序構造】

　利用面に着目すると、ドアを開けて、シートに座り、エンジンを始動して、アクセルを踏んで発進……のような「順序構造」が見えてきます。視点を変えると、クルマを購入して、日常に利用して、定期的にメンテナンスを行い、廃車して、新車を購入する……というような利用プロセスもあります。ここでも視点をマクロやミクロで考えると新しい発見があります。

日常における利用プロセス

ライフサイクルを通した利用プロセス

【階層構造】

　次に無形物の機能的構造を考えます。「2-1　基礎的な抽象化」におけるグループに簡単な名前を付けます。そして、ターゲットの機能である「働き」に関係しているグループを残して、あとは端に寄せておきます。残ったグループを見渡して、異なるレベル感のものがないかを確認します。

　次ページの図は宅配ビジネスの例になりますが、例えば「バーコードリーダー」に関するものは、ある業務の一部に焦点を当てており、他のグループとはレベル感が異なります。よく見ると「集荷受付業務」というグループがあり、この中の一部とも考えられます。「集荷受付シフト管理」も「集荷受付業務」を行う要員の管理なので、この業務の一部といえます。「ドライバーシフト」は「集荷受付業務」とも密接に関連しますが、ドライバーは集荷だけではなく配送も行うので「配送業務」とも関連します。なので完全に「集荷受付業務」の一部とはいえません。

　そのように考えを進めていくと、「配送業務」というグループがないことに気が付きます。その時は、新たに付箋を追加して「配送業務」を作ってしまいましょう。「走行ルート」も同じように集荷と配送のどちらにも属しているようです。「即日配達」は「配送業務」に含まれるので、ここにも階層構造が見えてきます。

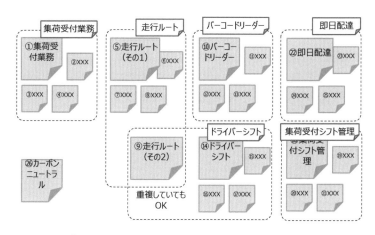

「2-1　基礎的な抽象化」の結果に名前を付ける

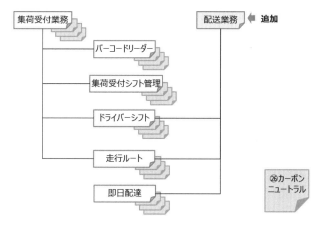

宅配ビジネスの機能的な階層構造

【順序構造】

「階層構造」以外にも「順序構造」などに構造化することも可能です。無形物を構造化する際には情報の流れに着目します。情報には次のようなものがあります。

・書類、コンピューターのデータなど

・お金

・人の指示

・モノの移動

　ある要素から別の要素にこれらの情報が流れていれば、その要素間には「順序」の関係性があるということになります。

　宅配業務の場合、利用者が集荷を依頼するところからスタートします。集荷依頼を受け付け、集荷予定を作成し、ドライバーが集荷し、配送センターに集積し、配送便に振り分け、ドライバーが配送し……という一連の業務が続きます。一方、集荷依頼とは関係なく、定期的に月一回とか毎日行われる業務もあります。ドライバーのシフト管理などは定期的にシフトを組んで、業務の状況に合わせて見直すのが一般的です。

　このとき、どのような情報が流れているのか？　その情報はどのように変化しているか？　に注意すると、機能の本質を理解することができます。

宅配ビジネスの機能的な順序構造

### ◆2-3-3　構造の文章化

　さて、ここまで「2-1　基礎的な抽象化」を材料に物理的構造と機能的構造を考察してきました。付箋紙のグループを見直したり、線で繋いだり、移動したりすることで、階層構造や順序構造を探しました。それは付箋紙と矢印や線などからなるイ

メージになっているかと思います。

　最後に、このイメージを文章化します。あなたがターゲットに見つけた構造はどのようなものですか？　構造のイメージそのものも大事ですが、それを文章化することでその構造に何を見出したかが明確になります。

　例えば、クルマの物理的構造であれば「部品の階層構造の深さに大きな偏りがある」ということが見えてくるかもしれません。エンジンなどの動力系やトランスミッションなどの駆動系は、部品点数が特に多くなります。これは、その部品を製造する下請けメーカーが多いということに繋がり、さらには、自動車業界の「系列」を作る原因になっているかもしれません。そして、クルマのEV化が進むと動力系と駆動系の部品点数が大幅に減ります。物理的な階層構造がクルマや自動車業界の本質、さらには未来までも表している可能性があります。

　宅配ビジネスの機能的構造の場合は、「集荷業務と配送業務が対称的な構造になっており共有領域もある」のように文章化できます。サービスは対称的で全く異なっていても、業務は共通化できるというのはよくあることですが、先入観や歴史的な経緯で見過ごされていることがあります。対称的な構造が現れた場合、各々で本質的に異なる部分と、少し視点を変えれば同じように扱える部分があるかもしれません。全く異なる領域と共通領域に分けて、考察することで新たな発見があるかもしれません。

　ここまでの手順をおさらいします。

・「2-1　基礎的な抽象化」で作ったグループに名前を付ける。
・有形物の場合、物理的構造を抽出する。階層構造や順序構造を見つけ、お互いの関係についても考察する。
・機能的構造を抽出する。階層構造や順序構造を見つけ、お互いの関係についても考察する。機能的構造と物理的構造の関係も考察する。
・構造のイメージを文章化する。

ここまで「階層構造」と「順序構造」に焦点を当てて解説しましたが、構造化には他のものもあります。「循環構造」や「因果関係」などを見つけることができるかもしれません。チャレンジしてみてください。

## 2-4　矛盾・対立の中和

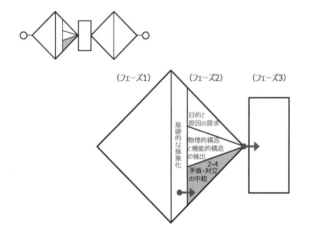

### ◆ 2-4-1　テーゼとアンチテーゼの選択

「弁証法」を使って調査結果の矛盾や対立を中和します。

　ここでも、「2-1　基礎的な抽象化」で作ったグループを参照することから始めます（2-2の結果ではありません）。グループごとに付箋紙がまとまっていると思います。付箋紙には調査結果と紐付けるための番号と見出しが書かれています。グループの中をよく見て、代表的なものを上にして重ねてしまいましょう。

　このとき、見出しに書き加えたり修正したりしても構いませ

ん。グループを代表するような言葉が思いついたら、やってみてください。「2-2　目的と原因の探求」で付けた見出しを意識する必要はありません。気楽に付けて結構です。

　すべてのグループについて代表の付箋紙を選んだら、次は、これらを見渡して関係があるものをそばに持ってきます。「2-1　基礎的な抽象化」では「仲間外れ」の付箋紙はそのままにしておきましたが、ここでは「仲間外れ」も一緒に行います。何となく似ているものが近くにあり、関係のないものは遠くに離れている状態が出来上がります。

　この状態でなるべく離れたものを2つ選びます。これらは互いに矛盾・対立するものです。

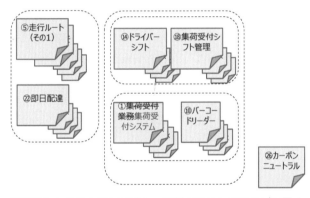

代表的なものを上にして重ね、関係があるものをそばに置く

　例えば「即日配達」に関するグループがあったとします。通信販売の売上が拡大するとともに「即日配達」のニーズも増えており、ドライバーの安定確保や業務効率化など様々な対応が求められているという調査結果です。

　離れたところに「カーボンニュートラル」というグループがありました。気候変動への世界的な取り組みに応じて、宅配ビジネスにおいても具体的な対策が求められているという調査結果です。

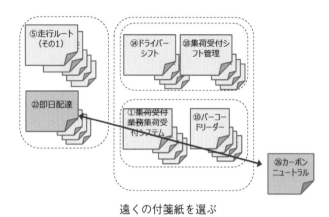

遠くの付箋紙を選ぶ

## ◆2-4-2　ジンテーゼの導出

「即日配達」と「カーボンニュートラル」は一見関係がないように見えます。それどころか「即日配達」の量が増えれば、荷物がまとまってから配達するということもできないので、配達便を増やして対応するしかありません。当然、$CO_2$を排出するトラックの運行時間が長くなるので「カーボンニュートラル」とは矛盾・対立してしまいます。かといって、対応しなければ、競合他社にその市場をまるごと取られてしまうので、やるしかありません。

　これを弁証法に当てはめると、

・テーゼ（正）：即日配達
・アンチテーゼ（反）：カーボンニュートラル

　ということになります。

　トラックを電気自動車にするとか、事業所から近いところは自転車で回るという手もあります。しかし「即日配達」の困難さは競合他社にとっても同じではないでしょうか？　そして「カーボンニュートラル」への貢献もすべての個人や企業に求められるものですから、競合他社にとっても課題のはずです。

　一見、全く異なることのように見える「即日配達」と「カー

ボンニュートラル」ですが、「競合他社」という観点では共通点がありそうです。

例えば、

・ジンテーゼ（合）：共同配送

ということが考えられます。

同じ届け先であれば、競合他社の荷物も1つのトラックに積載して配送するのです。そうすれば、お互いに市場を取られる心配はなくなり、トラックの便数も削減できるので、カーボンニュートラルにも貢献できます。

ここから「競争する領域と協力する領域を適切に決めることが重要だ」という気付きが得られます。


### ◆2-4-3　アウフヘーベンにおける「気付き」の確認

テーゼ（正）とアンチテーゼ（反）をアウフヘーベン（止揚）することでジンテーゼ（合）に至るわけですが、アウフヘーベン（止揚）における「気付き」が重要です。ジンテーゼ（合）はテーゼ（正）とアンチテーゼ（反）の関係においてのみ成立するものですが、もっと広範囲に適用できる気付きは、アウフヘーベン（止揚）する過程で得られます。

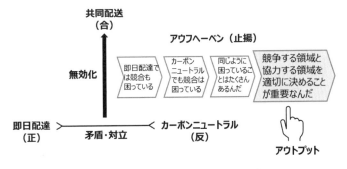

アウフヘーベンにおける「気付き」

アウフヘーベン（止揚）の過程をもう少し丁寧に見てみましょう。

「即日配達は大変だけど、やらないと競合他社に負けてしまう」

「でも競合他社も困ってるだろうなぁ」

「そういえばカーボンニュートラルも競合他社が困ってるということでは同じか……」

「そうか！　競合他社も同じように困っていることはいろいろあるんだ！」

「競争する領域と協力する領域を適切に決めることが重要なんだ」

　「即日配達」だけを抽象化しても「カーボンニュートラル」だけを抽象化しても、「競合他社」にはたどり着きそうにありません。矛盾・対立する関係をアウフヘーベン（止揚）することで、「競合他社」「同じ課題」「協力」という概念が導き出されました。

　手順をおさらいしてみましょう。

・グループを代表する付箋紙を選んで上にする。

・グループ同士で関係あるものを近くに置く。

・遠くに離れたものを2つ選ぶ。

・2つの矛盾・対立を中和するようにアウフヘーベン（止揚）する。

・ジンテーゼ（合）を得る。

・アウフヘーベン（止揚）における「気付き」を言葉にして書き留める。

　遠くに離れた付箋紙のペアを変えて何度か試してみてください。

## フェーズ2　のアウトプット

　フェーズ2ではターゲットを抽象化することで本質を探ってきました。ここでは以下のような成果が出力されます。

・ターゲットが何に貢献しているかの「目的」と、ターゲットがなぜそうなっているかの「原因」

・ターゲットを形作る要素（物理的・機能的）の間にある関係性を整理した「構造」

・ターゲットの矛盾・対立要素を中和することで得られた「気付き」

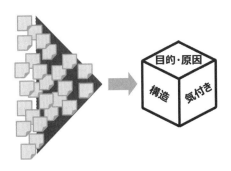

フェーズ2のアウトプットイメージ

　これらは、ターゲットの本質を表しているものです。改めて、それぞれを1行の文章で簡潔に整えてください。これらは全部で5つ以内になるようにしてください。それ以上ある場合はもう少し抽象化を頑張ってみましょう。

　これらのアウトプットを見ていかがでしょうか？「思ってもいない結果になった」という場合は大成功です。先入観や固定観念を払拭してターゲット像が現れたということです。「どうもしっくりこない」「ピントを外している気がする」という場合は、フェーズ2の最初に戻ってグルーピングからやり直して

ください。フェーズ1の調査結果に問題がありそうな場合は
フェーズ1まで戻っても結構です。「想定したとおりで新しい
発見がない」という場合はリトライした方がよさそうです。し
かし「思ってもいない結果」が出たけれど「しっくりこない」
という場合は、思い切って先に進むことをお勧めします。

アナロジカル・デザイン

# フェーズ3　マッチングと問題定義

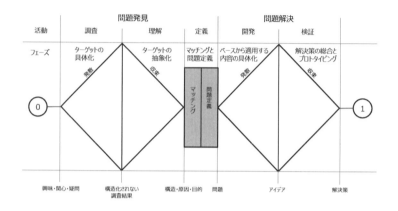

　フェーズ2ではターゲットを抽象化することで、その本質を捉えました。アウトプットは以下のように整理されています。

・ターゲットが何に貢献しているかの「目的」と、ターゲットがなぜそうなっているかの「原因」

・ターゲットを形作る要素（物理的・機能的）間にある関係性を整理した「構造」

・ターゲットの矛盾・対立要素を中和することで得られた「気付き」

　この抽象化したレベルで類似しているモノゴトがベースになります。ベースはターゲットに新しい観点を与えるもので、その要素をターゲットに取り込むことで、有意義な特性が生まれることがポイントです。フェーズ3ではベースを探索し、ターゲットとベースの差分を把握することで問題を定義します。

## 3-1　マッチング

　初めにベースを探索することから始めます。抽象化したレベルで類似しているモノゴトといっても、対象は無数にありそうです。その中から、有意義な結果を生むベースをアナロジーで探っていくのが鍵になります。ベースが決まったら、ターゲットとの比較を通じて相違点を明らかにしていきます。ベースの要素をターゲットに取り込むことで有意義な特性が生まれるとしたら、相違点はターゲットの「問題」として浮かび上がることになります。

　抽象的なレベルの類似点に着目してベースを探索し、今度は具体的なレベルの相違点に着目して差分を把握するのがマッチングにおける活動です。

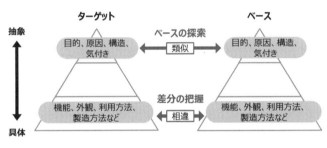

マッチングの概念

フェーズ3　マッチングと問題定義

### ◆ 3-1-1　ベースの探索

　ターゲットを抽象化し、そのレベルで似ているベースを見つけるというのは、アナロジー思考の中心的な活動です。ここで重要になるのは、フェーズ2で解説した「異分野のモノゴト」からベースを持ってくるということです。なので、先入観や固定観念にとらわれず異なる世界に発想を広げましょう。

同じ業種や業界の事例から学んでも発想を飛躍させることはできません。普段は考えもしない遠い領域からベースを持ってくることが重要です。一見、ナンセンスに思われることでも大丈夫。どんなに離れているように見えても、ターゲットとベースは抽象化したレベルで繋がっているので、決して単なるナンセンスにはなりません。勇気をもって発想を飛躍させてください。

　ここではベースを探索する方法を5つ解説します。これらの方法のどれかを選択しても結構ですし、複数の方法を試しても結構です。ベース候補を考える過程では様々なモノゴトが連想されることになります。連想したものをすべてベース候補にしていくと、膨大な数になりキリがありません。ベース候補は数個〜10個程度で十分なので、絞り込みが必要になってきます。これを最終的には1つに絞り込んで「3-1-2　差分の把握」に進みます。

　ベースを探索する過程で連想されるものを「ベース候補」に絞り込む際の目安は次のように考えます。それは、連想されたモノゴトからターゲットに取り込めるエッセンスがあるかどうかです。そのエッセンスがターゲットに有効かどうかは、ここではあまり気にしなくて結構です。

　取り込めるエッセンスが1つもなさそうな場合は、次のアイデアを探してください。取り込めるエッセンスが1つでもある場合はベース候補として採用してください。

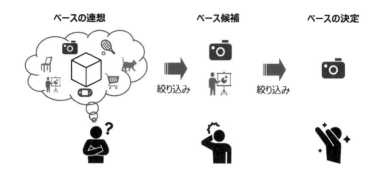

ベース探索における絞り込み

### 〈3-1-1-1 キーワードからの探索〉

　キーワードから発想する方法は中山正和氏の著書『NM法のすべて』[8] でも紹介されていますが、発想をひろげる際にとても有効です。

　フェーズ2のアウトプットである「目的」「原因」「構造」「気付き」はターゲットを抽象化したものです。ここからキーワードを作り、それを足掛かりにベースを探索する方法になります。キーワードは「目的」「原因」「構造」「気付き」などから、さらに抽象化を進めたターゲットのエッセンスのようなものです。このエッセンス（キーワード）を支点にして発想をジャンプさせます。

　フェーズ2では宅配ビジネスを例に考え、目的を「送り手と受け手の円滑なコミュニケーションを実現することに貢献する」のように文章化しました。この文章では「コミュニケーション」という言葉がターゲットの本質をよく表していそうです。これを日本語にするなど、もう少し分かりやすく、かつ動詞を意識して変換すると次のようになります。

・伝達する

・意思疎通する

・交信する

・情報交換する

「コミュニケーション」という言葉からは双方向性が感じられるので、一方的な「伝達する」とは少しニュアンスが違うようです。「意思疎通する」は双方向性が感じられますが、何か漠然としていて実体をイメージしにくいところがあります。「交信する」は双方向性もあり、交信している様子を映像でイメージできます。キーワードを選択する際には、このようにイメージが映像で浮かび上がってくるかをポイントにしてください。

　では「交信する」をキーワードとして、そこから発想を飛ばしてみます。「交信する」というと、無線機から雑音まじりの音声が聴こえてきて、これにマイクで応答するというイメージが湧いてきます。スパイ映画などで見かけるシーンです。

　あと、電話交換が手動で行われていた時代、大きなボードに無数のケーブルがプラグで繋がっており、その前に座る女性が忙しそうにケーブルを繋ぎ替えている様子が思い浮かびます。

　他にもいろいろとイメージを膨らませて発想を遠くに飛ばしてみましょう。ここでは「電話」をベース候補の一つとしておきます。

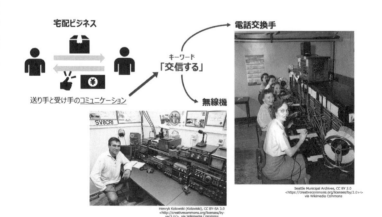

宅配ビジネス

送り手と受け手のコミュニケーション

キーワード「交信する」

電話交換手

無線機

SV8CRI

Henryk Kotowski (Kotoviski), CC BY-SA 3.0
<http://creativecommons.org/licenses/by-sa/3.0/>, via Wikimedia Commons

Seattle Municipal Archives, CC BY 2.0
<https://creativecommons.org/licenses/by/2.0/>
via Wikimedia Commons

キーワードからの探索イメージ

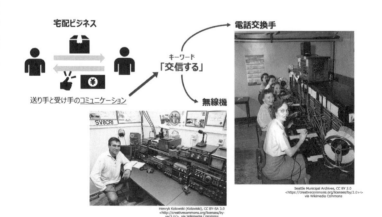

アナロジカル・デザイン

194

同じように「原因」からキーワードを抽出してベース候補を見つけてみましょう。「顧客のタイミングに合わせて異なるサービスを同時に提供するため」という「原因」の文章からは、「タイミングを合わせて」というところがターゲットの特徴をよく表しています。

「タイミングを合わせる」は、以下のように言い換えることができます。

・同期する
・呼吸を合わせる
・手拍子をとる
・一致する

　概念的、観念的なものより身近なものの方がイメージを膨らませることができます。身体的なものや生活に密着しているキーワードを考えてみましょう。

　ここでは「呼吸を合わせる」を選びます。「呼吸を合わせる」ものには、例えば、オーケストラによる演奏があります。実際にはオーケストラの演奏者たちは「呼吸を合わせて」演奏しているわけではありません。それぞれの楽器ごとに楽譜があり、指揮者が振るタクトがあり、これらを見て演奏します。そのうえで、他の楽器の演奏を聞いてタイミングを合わせているのだと思います。

　しかし、80名からなる楽団員の壮麗な演奏は、まさに「呼吸を合わせる」ことによって実現しているように感じます。

　このように、厳密に「呼吸を合わせる」ものでなければベース候補にならないというわけではありません。そこからイメージされるものを考えてみましょう。

　有形物であるクルマの「目的」からもベースを探ってみましょう。仮に目的を「個人

に自由な移動手段を提供すること」として、ここからキーワードは「自由に移動する」としましょう。

「自由に移動する」ものにはどんなものがあるでしょう？

　左右のレバーとＡボタン、Ｂボタンを駆使して、どんな荒野でも壁面でも宇宙空間でも自由に移動しているのがテレビゲームの世界です。

　同じ要領で「構造」や「気付き」を文章化したものからキーワードを見つけ、ベース候補を探ってみてください。


　キーワードからベースを探る方法にはいくつかポイントがあります。

　1つには、キーワードは動詞か形容詞にするということです。動詞や形容詞はモノゴトを抽象化しており、他の様々なモノゴトとも共通する要素なので、アナロジーによる発想を得られやすいという特徴があります。一方、名詞はそのモノゴトにしっかり結び付いていることが多く、あまり他のモノゴトに広げることができません。

　例えば「コミュニケーションする」ものは世の中にたくさんありますが、「宅配ビジネス」には宅配ビジネスしかなく、この範囲でしか思考できなくなってしまいます。

　2つ目は、映像でイメージが広がるキーワードを選ぶということです。

　普段の日常の光景でも、映画のワンシーンでも、昔見たニュース映像でも何でも構いません。映像のイメージからはさらに様々なイメージが広がります。概念的だったり観念的だったりすると、ターゲットのエッセンスが失われてしまいます。

　例えば「効率化する」というのはビジネスでよく使われる言葉ですが、効率化の重要性はどんなビジネスにもあてはまるので、ベクトルが感じられず発想も広がりません。

　最後は、多少の齟齬や違和感は気にしないということです。

　上の例では「コミュニケーション」という言葉から「交信す

る」をキーワードにしました。宅配ビジネスにおけるコミュニケーションは送り手と受け手の間で行われるものなので、実際には何かの通信手段を使うような「交信」は行われません。

　しかし、ここでも発想は小さなジャンプを始めているのだと考えてください。言葉の厳密な意味にとらわれる必要はありません。「広く考えれば交信しているともいえる」のであれば、それで結構です。

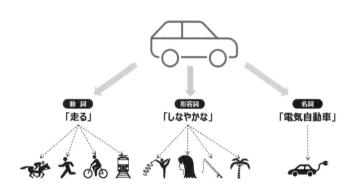

動詞や形容詞のキーワードには広がりがある　　名詞からは広がらない

### 〈3-1-1-2　構造の類似からの探索〉

　次は「構造」に着目したベースの探索方法です。フェーズ2ではターゲットの物理的構造と機能的構造を文章化しました。「構造」はターゲットを抽象化したものなので、「構造」のレベルで類似しているモノゴトはベース候補になります。これを足掛かりにベースを見出します。

　宅配ビジネスにおいて、「集荷業務と配送業務が対称的な構造になっており共有領域もある」という構造が見えてきたとします。荷物を送る利用者と受け取る利用者の両面構造になっており、そこに宅配ビジネスの機能が対称に配置されているというものです。

例えば、不動産を売りたい人と買いたい人も対称的な構造になっていて、これを仲介しているのが不動産仲介業です。同じように就職斡旋業も求人と求職という対称構造を仲介しています。このような仲介業を一歩進めると、売り主と買い主が直接取り引きするCtoC（Consumer to Consumer）ビジネスになります。仲介業やCtoCビジネスでも利用者は対称構造になっており、宅配ビジネスとよく似ています。

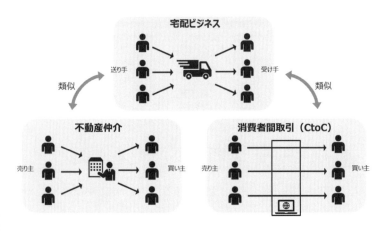

仲介業・CtoC ビジネスとの構造的類似

　もう1つ、クルマの物理的構造から考えてみましょう。「部品の階層構造の深さに大きな偏りがある」という構造が見えてきたとします。階層構造が深い（部品点数が多い）のはエンジンなどの動力系やトランスミッションなどの駆動系で、いわゆる「プラットフォーム」と呼ばれている部分です。それ以外の「ボディ」の部品点数は「プラットフォーム」に比べればかなり少なくなっています。このような特性の違いから大胆に省略すれば、クルマは「プラットフォーム」と「ボディ」から出来ているともいえます。

「プラットフォーム」はクルマの加速やブレーキング、ハンド

アナロジカル・デザイン

リングなどの性能を決める基本的な構造になります。一方、「ボディ」は乗車スペースとドライバーが操作するインターフェースが備わっており、利用者のニーズを一番端的に反映するところです。家族4人で乗るのか？　大きな荷物を運ぶのか？　スポーティなデザインが好きか？　キャンプに行くのか？　など様々なニーズで違いが出てくるところです。

　例えば、レンズ交換式のカメラにも「ボディ」と言われる構造があります。シャッターボタンやシャッタースピードなど利用者が操作するインターフェースがまとめられている部分です。一方、「レンズ」は撮影する画像にもっとも影響する機能になり、これを「ボディ」に装着して撮影します。「ボディ」と「レンズ」は撮りたいシーンに合わせてそれぞれを組み合わせて使用することができます。

　インターフェース機能を持つ構造（ボディ）と、性能を決める構造（プラットフォーム≒レンズ）を持っている点で、クルマとカメラには共通点があるようです。

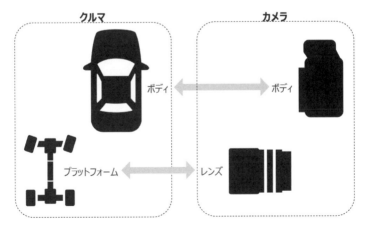

クルマとカメラの構造的類似

　「宅配ビジネス」の構造からは「CtoC ビジネス」が、「クル

マ」の構造からは「カメラ」が見えてきました。

　ここでのポイントは2つです。

　1つ目は構造は複合的に考えるということです。ビジネスなどの機能的構造からベースを探索する際に、単に機能的構造から類似しているものを探すのでは、なかなか一致しているものが見つかりません。見つかったとしても同業他社のビジネスモデルのように凡庸なものになりがちです。「なぜ、そのような機能的構造になっているのか？」を考えましょう。機能的構造の理由は「送り手と受け手の両面に顧客がいる」というように、顧客の構造が関係しているかもしれません。物理的構造の場合も、ある構造が持っている役割（機能的構造）と一緒に考えることができます。「ここはユーザーインターフェース機能」「こちらは動力を得る機能」などのように関連付けると応用範囲が広がります。

　2つ目はイメージを図にするということです。「構造」は階層になっていたり対称的だったり、ある構造は他の構造と関係していたりします。この「構造」は図で表すことで明確になるというより「図でしか表せない」ようなものです。落書きのような線画で十分なので、図からイメージを広げてみてください。

### 〈3-1-1-3　矛盾・対立からの探索〉

　フェーズ2では弁証法を使って矛盾・対立を中和することでターゲットを抽象化しました。ここでは、ターゲットと矛盾・対立するモノゴトからベースを探索します。矛盾や対立するモノゴトは一見何の関係もないように感じますが、実際にはこれらはコインの裏表のように背中合わせと考えることもできます。背中合わせということは、同じコインということでもあり、方向は異なりますが同じものを見ているともいえます。「視点を変える」というのはアナロジーを得るための鍵になりますが、視点を180度回転し、反対側からベースを探索します。

例えば、「男」と「女」は正反対の概念で、様々な商品やサービスも「男性用」「女性用」のように区分されており混じり合わない概念と考えがちです。しかし、「性別」という面では同じ概念なので、お互いに参照することで得られるヒントはたくさんあります。「男」と「プラスチック」はどのように関連付けて良いか分かりませんが、「男」と「女」は対立しているようで、視点を変えればとても類似した概念なのです。

　まず、ターゲットの一般的な属性を整理します。「宅配ビジネス」にはどんな属性があるでしょう？　まず、当然「ビジネス」という属性が考えられます。それから、宅配では荷物を運ぶので、電話やテレビのように情報を伝達するのではなく、「物理的」なモノを対象にしているという属性もあります。顧客はどうでしょうか？　企業などでも利用しますが「宅配ビジネス」の「宅」が表しているように一般消費者向けであることが大きな特徴になっているので顧客属性は「家庭」としてみます。

　次にフェーズ2のアウトプットからターゲットの属性を考えます。「宅配ビジネス」の目的は「送り手と受け手の円滑なコミュニケーションを実現することに貢献する」としました。「キーワードからの探索」では、目的にある「コミュニケーション」という言葉から「交信する」というキーワードを抽出しました。この「交信」も属性に加えてみます。

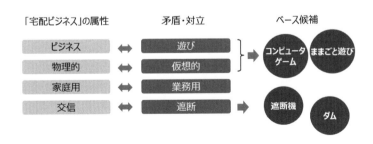

「宅配ビジネス」との矛盾・対立からのベース探索

これらの属性と矛盾・対立するものを探っていきます。複数の属性を対象にしても、一つだけ選択しても結構です。例えば、「物理的なモノを対象にしたビジネス」と矛盾・対立するのはなんでしょうか？　その場合は「仮想的な情報を対象にした遊び」とはどのようなものか考えてみます。

　コンピューターゲームは電子的に作られた仮想の世界を舞台にした遊びです。仮想の世界を舞台にした遊びは他にもたくさんあります。子供の「ままごと遊び」も大人が行う調理などの家庭生活を仮想化した遊びです。子供は、ままごと遊びのなかで母親役や父親役になり人形などが子供役として参加します。

　実際の配送履歴は使えませんが、例えば、「ままごと遊び」のように仮想の町に舞台を移します。この仮想の町を舞台にトラックの最適走行ルートを競うコンピューターゲームがあったらどうでしょう。腕自慢のプログラマーが競って参加するかもしれません。荷物の大きさや配送先などは実際のものが特定できないように変換して設定されます。ゲーム感覚で参加した人が作ったプログラムが宅配業者のシステムより優秀な成績を残すかもしれません。そう考えると、「遊び」には「ビジネス」の要素も含まれていて、「ビジネス」にも「遊び」の要素が含まれていることに気付きます。

　荷物は送り手から受け手に一方通行で移動しますが、それが実家からの荷物であれば電話で「ありがとう」を伝えるかもしれません。Amazonからであれば「いいね」で評価する時もあります。宅配ビジネスでも概念的にはこのようなコミュニケーション（交信）が行われています。これと対立する概念が「遮断」です。

　川の水を遮断しているのは「ダム」です。クルマの通行を遮断するのは「遮断機」です。どちらも何かを「遮断」していますが、「遮断」すること自体が目的ではありません。別のものを優先して通すのが目的です。「遮断機」はクルマの通行を止

めることで列車の通行を優先しています。では「ダム」は何を優先しているのでしょう？

「ダム」は現在の流れを堰き止めることで、将来の流れを優先するものです。遮断することで貯水量を増やし、未来に放水することでエネルギーを得ることができます。「ダム」は時間的な優先順位をコントロールするものと考えられます。「目的」の文章からは「交信」から「遮断」という矛盾・対立する属性が得られましたが、「原因」や「構造」の文章からも探してみてください。


### 〈3-1-1-4　先進分野からの探索〉

　ある分野について、長い歴史がありノウハウが蓄積されていたり、歴史は短くても技術的に進んでいて多くの成果を上げている世界があります。ここではこれを「先進分野」といいます。「先進分野」からその要素を取り込むことで、ターゲットに有意義な効果が生まれることが期待できます。

　注意が必要なのは、同じ製品や同じ業界の進んだ事例から学ぶのではないということです。例えば、スーパーマーケットが別のスーパーマーケットの成功事例に学ぶというのはよくある話で、業務改善などには有効です。しかし単なる「パクリ」になることも多く、新しい価値は生み出しません。異なる分野における「先進分野」からアイデアを得ることが重要で、そのためには、やはり抽象化したレベルでの類似点を探します。

「先進分野」で思い浮かぶのはどんなものでしょう？　日本で古くから行われている産業では、織物作りや陶磁器製造などが有名です。エンターテイメントでは歌舞伎や落語などもあります。これらには長年のノウハウが蓄積されています。また、一般にITやエレクトロニクスなどテクノロジー産業は先進的な分野として知られています。

　しかし、織物作りやIT産業は、そのすべてが「先進分野」

というわけではありません。伝統産業には時間をかけて洗練された工法などがある一方、旧態依然とした習慣による非効率もあるでしょう。

　一見、先端技術のように感じるIT産業も、人力によるプログラミングがその基盤を支えています。そう考えると、ターゲットに比べて進んでいるとはどういうことか？　というのがポイントになってきます。スーパーマーケットと比べて「コンビニ」は進んでいるのか？　あるいは「Uber Eats」はどうなのか？　ということです。

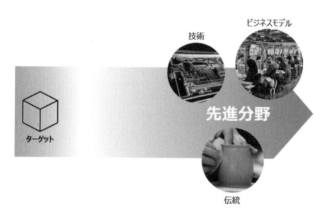

「先進分野」からベースを探索

　ここでも抽象化したレベルで考えることが重要です。つまり「先進分野」というのは「目的」「原因」「構造」「気付き」などの観点で進んでいるということです。同じ（類似した）目的を持つ歴史ある先輩だったり、技術などで先進性を持つ開拓者であればベース候補になります。「原因」や「構造」「気付き」についても同様です。

　なので「スーパーマーケットの先輩は何だろう？」という考え方ではなく、「この目的を昔から追求しているのは何か？」「この目的を追求している技術的な先行者は何か？」というよ

うに考えてみてください。

　例えば「ホテル」で定額泊まり放題サービスを検討する場合は、「賃貸マンション」のビジネスモデルが「先進分野」になるかもしれません。反対に「賃貸マンション」で入居者サービスの向上を目指す場合は「ホテル」が「先進分野」でしょう。ターゲットの「目的」と類似している「先進分野」を探索してみましょう。クルマの目的が「個人に自由な移動手段を提供すること」だったとします。「自由に移動する」ことにおいて「先進分野」にはどのようなものがあるでしょうか。

　コンピューティング技術の進歩とバッテリーの小型化で「自由に移動する」ものに革新をもたらしたのはドローンです。空飛ぶクルマという発想は古くからあり、ドローン型のクルマも提案されています。しかし、単にクルマが空を飛ぶというだけではなく、ドローンからはいろいろなアイデアが広がりそうです。

　歴史をたどれば、個人が「自由に移動する」ことに革命的だったのは自転車の登場でしょう。自転車はクルマより後に発明されたようですが、一般への普及は自転車の方が早く、日本では大正時代には多くの人が生活に利用するようになっていました。自動車が一般に普及したのは戦後で昭和40年代になってからです。普通の人が自分の意思で移動することを支えてきた歴史では、自転車はクルマの大先輩ということになります。

　ドローンや自転車は物理的に移動するものですが、物理的世界に限定する必要はありません。パソコンに繋がったマウスはポインターを自由に移動することができますし、懐中電灯は光が照らすところを自由に移動することができます。

クルマの「先進分野」

　同じようにターゲットの「原因」や「構造」「気付き」などからも「先進分野」を探索することができます。

　宅配ビジネスでは「競争する領域と協力する領域を適切に決めることが重要だ」という「気付き」を得ました。「競争と協力」を行う「先進分野」はどこにあるでしょう？　例えば、早くから競争と協力を同時に追求してきたのが自動車業界です。日産と三菱は軽自動車で相互OEMを行っています。トヨタも燃料電池車の特許を無償で公開し、競合の自動車会社と連携しています。

　銀行も競争と協力を進めています。セブン銀行はATMに特化した銀行ですが、競合の金融機関と提携し、他行のキャッシュカードで引き出すときの手数料で売上を上げています。じぶん銀行はtotoの販売サービスを地銀にOEM提供しています。

　もちろん、企業などから離れて考えることもできます。例えば、動物の様々な種の間にも競争と協力が見られるかもしれません。あるいは、スポーツなどでも競争と協力が日常的に行われているのではないでしょうか。

アナロジカル・デザイン

宅配ビジネスの「先進分野」

### 〈3-1-1-5　興味・関心からの探索〉

　最後に紹介するのは、自分が興味や関心を持っているモノゴトから探索する方法です。

　興味・関心を持っているということは、そのモノゴトについて詳しいといえます。例えば、趣味の写真やテニス、レッスンを受けている英会話、もう一度勉強を始めた世界史など、人それぞれに興味・関心を持っている世界があると思います。

　もちろん、自分が就いている仕事も対象になります。仕事の場合は興味・関心だけではなく、様々な必要性から行っている場合が多いと思いますが、自分が担当する領域については一般の人より段違いに詳しいはずです。これらの興味・関心の領域にターゲットを引き付けて考えます。

　これまでに解説した4つの方法では、ターゲットを出発点にベースを探索しました。ここでの方法は発想の順番が異なります。まず、自分の興味・関心領域を何か1つ設定し、これにターゲットの「目的」「原因」「構造」「気付き」などを当てはめて類似点を見出します。

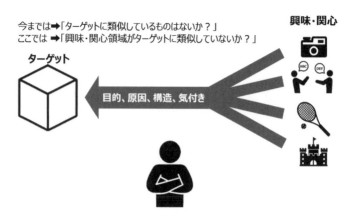

今までは➡️「ターゲットに類似しているものはないか？」
ここでは➡️「興味・関心領域がターゲットに類似していないか？」

興味・関心

ターゲット

目的、原因、構造、気付き

興味・関心からの探索

「宅配ビジネス」がターゲットで、写真撮影が趣味だったとしましょう。この場合は「宅配ビジネス」を「写真」化できないか？　と考えます。

　写真といえばデジカメやスマホで撮るものになり、撮影からプリントまですべて自宅で完結するようになりました。以前はフィルムカメラしかなく、撮影したフィルムをDPEショップに持ち込み、現像とプリントを行っていました。写真を楽しむには自宅だけでは完結せず、外部のサービスも利用する必要があったのです。

　DPEショップは大手フィルムメーカーが全国に系列店を展開していました。しかし、富士フイルム系のショップでは富士フイルムしかプリントできないというわけではなく、さくらカラーのフィルムもプリントできました。DPEショップではカメラも販売していましたが、様々なメーカーの機種が一緒に店頭に並んでいました。

　フィルムやカメラの販売では競争を繰り広げていましたが、DPEショップにおいては協力が進んでいたのかもしれません。これは「宅配ビジネス」の「気付き」で得られた「競争と協力」に通じるところがあるようです。「宅配ビジネス」は自宅

まで集荷に来てくれて荷物も玄関口まで届くので、利用者にとっては自宅で完結しています。つまり「デジカメ」化しているのです。これをフィルムカメラの時代に戻すとどうなるでしょう？

　集荷と配送を行う「宅配ショップ」が街のあちこちにあり、利用者はそこまで荷物を運んだり、受け取りに行くのです。「宅配ショップ」ではあらゆる宅配業者の荷物を扱います。通勤通学などで毎日外出する人はあまり不便を感じないのではないでしょうか？　それより価格を抑えたいという利用者も多いと思います。個人宅を回るドライバーの人件費を抑えることで、この「宅配ショップ」に出向いた荷物は割引にすることもできます。高齢者などには割引価格のまま自宅での集荷・配送を行うとしてもいいでしょう。

　当日配達と組み合わせれば、日用品や食料などを「宅配ショップ」で注文し、DPEショップでプリントを待っていたように、その場で荷物を受け取ることもできるようになるかもしれません。そうすると「宅配ショップ」は自分だけのスーパーマーケットのような機能を持ちます。

　この辺りはフェーズ4でじっくり掘り下げますが、頭の中であれこれ考えて発想を広げてみてください。

　次に、ターゲットを「クルマ」として自分は住宅リフォームの仕事をしていたとします。

　リフォームの仕事は古くなった壁紙やキッチンを新しいものに取り換えるだけではありません。子供が独立するなど家族構成の変化に合わせて間取りを変えたり、電気・ガス・水道などのライフラインを適切に配置したり、断熱などを施して低コスト・省エネルギーを目指したりとその仕事は多岐にわたります。もちろん、工事が終わってからも定期的にメンテナンスを行い、高いレベルで住環境を維持することに努めます。つまり「住む」ということに関して守備範囲が広く、時間経過にも対応しているということです。

一方、クルマは「自由に移動する」ことが目的です。自動車会社は「クルマを作って売る」ことには注力していますが、本当に「自由に移動する」ことに貢献しているでしょうか？

例えば、東京郊外に住んでいて、出張で北海道の農場に行くことになったとしましょう。羽田までクルマで行き千歳まで飛行機で移動し、そこから電車に乗り換え、農場の最寄駅からはレンタカーで現地に向かいます。

航空券の手配はもちろん、空港の駐車場の予約、電車の乗り継ぎ時刻の確認、レンタカーの予約などやることはたくさんあります。当日の渋滞状況も確認する必要があるでしょう。これらを1ストップでサービスしてくれたら、移動はもっと快適になり「自由に移動する」ことに近づくかもしれません。

リフォームは一か所に「留まる」ための住宅を通じて、そのライフサイクル全般をサポートしています。言い換えれば「自由に留まる」ことを目指しているともいえます。これをクルマに借りてきて、「自由に移動する」ための様々なことを統合的に扱うというアイデアです。

「移動」に伴う統合サービスイメージ

### 〈3-1-1-6　ベースの決定〉

　ここまでに抽出したベース候補から差分の把握に進むものを決定します。

　例として挙げた「宅配ビジネス」と「クルマ」のベース候補としては以下のようなものがありました。

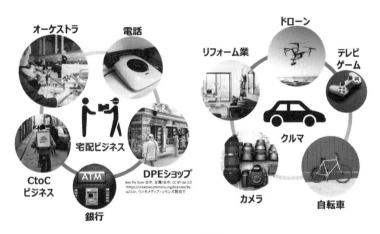

ベース候補

　これらのベース候補の特性からターゲットに取り込むアイデアを、一行程度の短い文章で書いてみてください。ベースを探索したときにも漠然と考えていたと思いますが、ターゲットにどんな新しい価値が生まれるかを自由に発想します。

## 宅配ビジネスのアイデア例

| | |
|---|---|
| 【電話】 | 電話番号で荷物を届ける。住所の指定なし。スマホの位置情報から、移動している利用者にも荷物を運ぶ。 |
| 【オーケストラ】 | 集荷配送スケジュールを顧客に公開しリアルタイムで共有する。宅配トラックの状況を見て（呼吸を合わせるように）利用者が依頼を行う。 |
| 【CtoC ビジネス】 | Uber Eatsのように配達業務を一般の個人に委託する。 |
| 【DPE ショップ】 | 街中に点在する「宅配ショップ」で集荷・配送に加えて、ネットショップへの注文なども受け付ける。 |
| 【銀行】 | 他社の荷物も一緒に配達する共同配送。窓口で他者の荷物も扱い、手数料を受けるビジネスモデル。 |

## クルマのアイデア例

| | |
|---|---|
| 【テレビゲーム】 | 全方位ディスプレイによる視界。昼間のように画像加工して夜間安全性の確保。危険を察知して注意喚起。 |
| 【カメラ】 | ボディとプラットフォーム分離型。専業メーカーによる付加価値の高いボディ。ファッション、インテリア、アウトドアなど他業種からの参入。 |
| 【ドローン】 | ドローン発着基地付きのクルマ。前方の渋滞状況、安全確保。同じクルマを並べればドローンの航続距離問題にも対処。 |
| 【自転車】 | 都市生活者向けの低速度限定の自動車。電動アシスト、降雨対策、1〜2人乗り。高度な安全対策。 |
| 【リフォーム業】 | 交通機関を跨いで様々な移動に関するサービス（予約、情報提供、保険など）。 |

　かなり具体的なアイデアから漠然としたイメージまで様々だと思います。この段階では具体的になっている必要はありませ

ん。そのコンセプトが新しい価値を持っているかを基準に選択します。また、思いついたアイデアが一見、ナンセンスに思えても、それを理由に却下してはいけません。ターゲットとは抽象化したレベルで繋がっているので、単なるナンセンスにはならないのです。

そして、ベース候補から発想したアイデアが、それを思いついたプロセスとズレが出てくることもありますが、気にする必要はありません。例えば、上記の「宅配ビジネス」で「CtoCサービス」を思いついたのは、宅配ビジネスにおける送り手と受け手の対称構造がCtoCビジネスに似ていたからでした。しかし、Uber EatsはCtoCビジネスですが、宅配ビジネスのようなかたちでは対象構造になっていません。しかし、CtoCからUber Eatsが導かれたのですから、問題ありません。

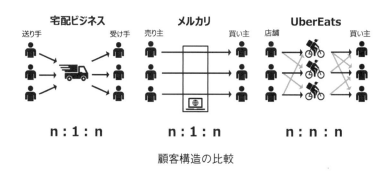

顧客構造の比較

論理的な正確さを求めるものではありません。ここでも発想は飛躍しているのです。最終的には、そのアイデアに興味・関心を持てるかが重要です。「これは自分の好きな分野だ」と思えたものは優先して選択してください。

#### ◆ 3-1-2　差分の把握

次に、ターゲットとベースを比較してその差分を明らかにし

ていきます。

「3-1-1　ベースの探索」では「ターゲットに取り込めるエッセンスはないか？」という観点で発想しました。この「取り込めるエッセンス」というのはターゲットにはないものなので、これが差分ということになります。ベース候補を探すときに漠然としたイメージだった「取り込めるエッセンス」を、ここではしっかりと見定めます。ベースからターゲットに取り込むことで効果があるということは、現在のターゲットには欠けていることがあるということです。

もともと、ベースはターゲットと抽象化したレベルで似ているというアナロジーから選ばれたものです。しかし、これらは抽象的なレベルでは似ていますが、何もかもが同じということではありません。似ているのは「目的」「原因」「構造」「気付き」などの本質的な点についてです。一方、具体的なレベルではターゲットとベースは全く異なっています。特にベースは異分野から持ってくるようにしていますので、一見、何の関係もないモノゴトがテーブルに載せられることになります。

なので、単純に差分を把握した場合、何もかもが異なっているという結果になりかねません。

ここで着目するのは「本質的な類似点に関係する具体的な差分」になります。具体的な差分が表れるのは「機能」や「外観」に加え、「利用方法」や「製造方法」などがあります。また、ビジネス上の特徴や社会における位置づけが重要になる場合もあります。詳細はフェーズ1「1-2-1 ～ 1-2-4」を参照してください。

では「本質的な類似点に関係する」というのはどういうことでしょうか？　こちらは例を見ながら確認していきます。「3-

アナロジカル・デザイン

1-1　ベースの探索」では、フェーズ2のアウトプットである「目的」「原因」「構造」「気付き」からベースを探索しましたが、同じようにこれらの観点から差分を把握します。

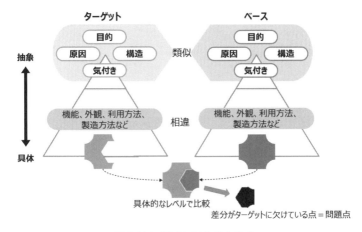

抽象的な類似と具体的な差分

### 〈3-1-2-1　「目的」の類似からの差分把握〉

目的の類似からベースを選択した場合、「ベースではその目的がどのように実現されているか？」を確認します。目的を実現するための機能、外観がどのように実装され利用されているかということです。そして、ターゲットで目的を実現する機能やその実装方法が異なっていれば、それが差分になります。

例えば、ターゲットを「宅配ビジネス」、ベースを「電話」とします。これは「コミュニケーションを実現する」という目的の類似性から導かれたものでした。電話では音声を電気信号に変換して、これをやり取りすることでコミュニケーションを実現します。また、携帯電話やスマートフォンが登場してからは、個人が一台ずつ所有して、どこにいても移動中でもコミュニケーションがとれるようになりました。

一方、宅配ビジネスでは物理的な荷物を送ることで送り手と受け手とを繋げます。配送や集荷は基本的に住宅という固定された場所で行われます。これが差分になります。

| | 宅配ビジネス | 電話 |
|---|---|---|
| 媒体 | 物理的な荷物 | 電気信号 |
| 提供場所 | 住宅（固定） | 個人（移動） |

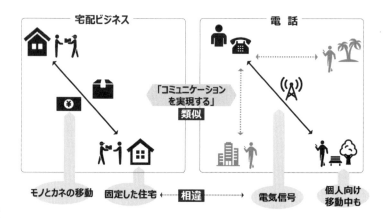

宅配ビジネスと電話の類似点・相違点

### 〈3-1-2-2 「原因」の類似からの差分把握〉

　原因の類似からベースを選択した場合も、同じようにベースの機能や実装方法などを確認し、ターゲットと比較して差分を明らかにします。

「宅配ビジネス」の原因である「タイミングを合わせるため」から、「オーケストラ」というベースが得られたとします。オーケストラではタイミングを合わせるには「楽譜」「指揮者」「他の楽器の演奏」が重要な役割を担っているようです。では「宅配ビジネス」でタイミングを合わせるために、どのよ

うなことが行われているでしょう？

　オーケストラの「楽譜」に相当するのが「集荷配送スケジュール」で、「指揮者」に相当するのが「管理センターの指示」でしょうか。ドライバーはスケジュールを基本にしますが、適宜、管理センターの指示を受けて対応しています。それでは「他の楽器の演奏」に相当するものは「宅配ビジネス」にあるでしょうか？　もし、見当たらない場合はここが差分になります。

| 宅配ビジネス | | オーケストラ |
|:---:|:---:|:---:|
| 集荷・配送スケジュール | ⇔ | 楽譜 |
| 管理センターの指示 | ⇔ | 指揮者 |
| ？？？ | ⇔ | 他の楽器の演奏 |

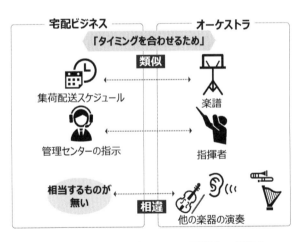

宅配ビジネスとオーケストラの類似点・相違点

### 〈3-1-2-3　「構造」の類似からの差分把握〉

　構造上の類似があった場合、ベースの方を見て、その構造がどのような効果を発揮しているかを考えます。その構造のおか

げで実現できている利点や特徴を見つけてください。今度は
ターゲットを見て、その構造から同じような効果を得られてい
るかを確かめます。ターゲットで同じような効果が得られてい
ない場合は、そこが差分ということになります。

　例えばターゲットを「クルマ」、ベースを「カメラ」とした
場合、「インターフェース機能を持つ構造（ボディ）と、性能
を決める構造（プラットフォーム≒レンズ）を持っている」と
いう類似点がありました。カメラではレンズとボディを切り離
して簡単に交換することができますが、クルマはプラット
フォームにボディが組み付けられていて交換できません。また、
レンズ交換式のカメラを持っている人は、大抵はいくつかレン
ズを持っています。ボディも複数台持っているということも珍
しくありません。しかし、クルマのボディやプラットフォーム
を複数台持っている人はほとんどいないでしょう。

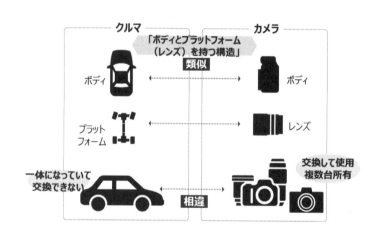

クルマとカメラの類似点・相違点

### 〈3-1-2-4 「気付き」の類似からの差分把握〉

　ターゲットの「気付き」から得られたものが、ベースにも同

じように見られる場合です。

　ベースでは、その「気付き」にどのように対処しているか確認してください。振り返ってターゲットでもどのように対処しているかを確認します。対処されていなかったり、方法が異なる場合はそれが差分になります。

　例えば「宅配ビジネス」で得られた気付きでは「競争と協力が重要」ということで「DPEショップ」がベースとして抽出されました。カメラやフィルムの販売においては熾烈な競争を繰り広げるメーカー各社ですが、「DPEショップ」はニュートラルな場所として地域の写真愛好家に開かれていたというものです。「宅配ビジネス」では利用者の自宅が主なサービス提供場所になっており、地域に営業所はありますが、役割は限定的です。他社との協力も利用者が見える範囲で目立つものはありません。

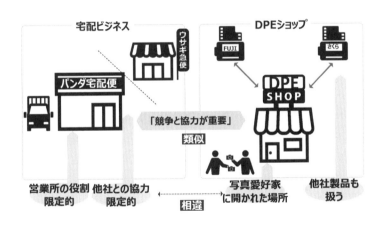

宅配ビジネスとDPEショップの類似点・相違点

　ベースにおける機能、外観、利用プロセスなどは、ターゲットに取り込むことができる可能性が高いといえます。それは、ターゲットとベースが抽象的なレベルで類似しているからです。

ベースにおいて有効に働いている要素は「目的」や「原因」
「構造」「気付き」などが類似しているので、ターゲットにおい
ても有効である可能性が高くなるのです。

　しかし、ベースの要素がすべてターゲットに有効であるとい
うことではありません。抽象化したレベル（目的、原因、構造、
気付きなど）で似ていることに貢献していたり、関連が強い要
素が対象になります。これを見極めて差分を明らかにしていき
ます。そのためには差分を把握するときもターゲットの「目
的」や「原因」「構造」「気付き」などから考えるのが有効です。

　この「差分」こそがターゲットに欠けている部分、つまり
「問題」ということになります。


### ◆ 3-1-3　類似点と相違点の検証

「3-1-1　ベースの探索」では類似点に着目し、「3-1-2　差
分の把握」では相違点に着目しました。ここでは、これらの活
動を振り返って検証します。

【類似点は本質的か？】
　ターゲットを抽象化した「目的」「原因」「構造」「気付き」
からベースを探索したので、本質的なところで類似しているも
のがベースになっているはずです。しかし、類似点を強調する
あまり、表面的なことにとらわれているかもしれません。

　例えば「クルマ」も「お酒」もその利用者は「大人の男女」
という点では類似点があります。しかし、この類似は本質的で
しょうか？　単に利用者の属性が似ているというだけでは、
ベースからターゲットに取り込む要素を探すのが困難です。
「クルマ」に乗るときに「お酒」は厳禁なので、相容れないこ
とが多く、その点でも難易度は高くなります。

【相違点は本質的なことに繋がっているか？】

　ターゲットとベースは抽象化したレベルで類似していますが、反対にいうと、それ以外は全く異なるモノゴトということになります。言ってみれば差分はいたるところにあるので、本質的なことに繋がっている差分を把握したつもりでも、取り違いを起こしたり、あらゆる差分を有効なものと考えてしまうこともあります。

　「宅配ビジネス」における同業他社との協力について「DPEショップ」からアイデアを持ってくることにした場合、「街中にあるショップ」や「他社製品（サービス）の取り扱い」という点は「気付き」に繋がっていて効果がありそうです。しかし店舗の構造や立地、行われている現像・プリントなどのサービスなどからは多くのことは学べそうにありません。


【どちらから学ぶべきか？】

　ターゲットとベースに抽象的なレベルで類似点があり、これに関連する差分も把握できたとします。しかし、ベースで見出した差分が本当にターゲットの問題になっているかはとても重要です。ベースから学ぶことを想定していますが、もしかすると、これが反対になっており、ターゲットから学ぶべきことかもしれません。

　ガス・電力の大手「エンロン」がブロードバンド事業に進出し、その後、破綻したのは有名な話ですが、ここでもアナロジーが使われていました。ブロードバンド事業はインフラを構築するもので、継続顧客が多いという点などはガスや電力事業と類似点があります。エンロン社はこの類似点からブロードバンド事業をターゲットとして取り組みました。しかし、インフラを一から構築しなければならないなど、実際には事業内容が大きく異なっており、結果的に失敗しました。

　学ぶべきだったのはブロードバンド事業の方で、この事業の先進的な部分をガス・電力事業に取り入れていたら、結果

は違うものになっていたかもしれません。

　以上のような点について検証して、もし、疑問が残る場合は
「3-1-2　差分の把握」に戻るか、もしくは「3-1-1　ベース
の探索」まで戻ってリトライしてみてください。


## 3-2　問題定義

　デザイン思考で問題を定義する場合、ユーザーへのインタ
ビューなどを通じてユーザー自身も気付いていない問題を顕在
化します。つまり、潜在的な問題がユーザーの中にあり、デザ
イナーはこれを表に取り出すサポート役というわけです。

　ユーザーの中の問題というのは、日頃感じている不満や願望
など言葉にならないモヤモヤしたものの集まりです。デザイ
ナーはこれを取り出し、文章としてきれいに仕上げるのです。
ユーザーの潜在的な問題を掬い上げて解決策を導くので、今ま
で置き去りにされていた問題を解決する道が開けます。

　しかし、デザイン思考で扱う問題はどこまでいってもユー
ザーの中にあるので、誰も気付いていない問題や潜在的にも問
題だと思っていないことは取り漏らしてしまいます。

　アナロジカル・デザインでの問題定義は全く異なります。問
題はターゲットとベースの差分にあると考えます。ベースは
ターゲットが「このようにもなれたかもしれない」姿として仮
定されます。現時点では「このようになれていない」ので、こ
の状態を「問題」と捉えるのです。これは、誰も問題だと気付
いていないことを発見するということです。

　ここでは「3-1　マッチング」で把握した差分から問題を定
義する文章を作ります。

　デザイン思考とは扱う問題は異なりますが、問題を文章化す

る手法はデザイン思考で行われているHow Might We（HMW）Question形式が優れています。日本語では「我々はどうすれば○○できるか」という文章になりますが、このように表現することで、問題を前向きに捉え、解決に向けた始点を設定することができます。

　さて、ターゲットの問題はベースのように「なれていない」ことでした。従って○○には差分として把握したベースの特性が入ります。

「宅配ビジネス」と「電話」の例でいうと、

「我々はどうすれば、**移動している個人に対して荷物を届けることができるか**」ということになります。

「宅配ビジネス」と「電話」は「コミュニケーションする」ということで繋がっていました。しかし、「我々はどうすれば、**電話のように荷物でコミュニケーションできるか**」というと、広すぎて問題がぼやけてしまいます。ベースの特性のどこが重要なのかを考えることで、問題をある程度絞り込むことができます。

「宅配ビジネス」と「CtoC ビジネス」の場合は、

「我々はどうすれば、**荷物の集荷・配送を複数の個人に委託できるか**」

「宅配ビジネス」と「DPE ショップ」の場合は、

「我々はどうすれば、**地域に開かれた宅配サービスの拠点で同業他社と協力できるか**」のように表現できます。

「クルマ」と「カメラ」の場合は、

「我々はどうすれば、**クルマのパーツを簡単に交換し居住性や走行性を変化させて楽しむことができるか**」

「クルマ」と「リフォーム業」の場合は、

「我々はどうすれば、**移動するために必要な様々な手間を外部化し純粋に移動を楽しむことができるか**」などのように問題を定義できます。

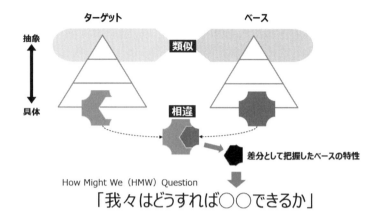

# フェーズ4　ベースから適用する内容の具体化

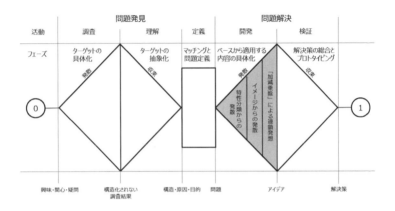

　前のフェーズではターゲットと抽象レベルで類似している
ベースを探索し、これとマッチングすることで差分を明らかに
しました。そして差分を「問題」として捉え、HMW Question
形式で文章化しました。ここまでが問題発見のフェーズです。
フェーズ4からは問題解決のフェーズになります。基本となる
アプローチはこれまでと同じように具体化と抽象化の繰り返し
です。

　ターゲットとベースは抽象レベルでは類似していますが、機
能や外観など具体レベルでは相違があります。フェーズ3では、
この相違に着目しベースの優れているところを持ってくること
で、ターゲットの問題を解決できるのではないか、という仮説
を立てました。しかし、この段階でベースから持ってくるエッ
センスはまだ漠然としたものでした。

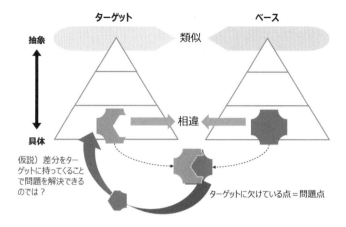

問題解決に向けた仮説

　フェーズ4では問題を出発点に「発散」することで、ベースから取り込める要素を具体化します。取り込める要素を思いついたとき、それはキーワードのような単語だったり、漠然とした概念やイメージだったり、アイデアとして文章化できるものだったり様々です。

　フェーズ1でターゲットを具体化した際に、事実情報の断片のことを「リーフ」と呼びました。ここでもこれに倣ってベースから取り込める要素のことを「リーフ」と呼びます。リーフの形態は様々なので、それにこだわらなくて結構です。

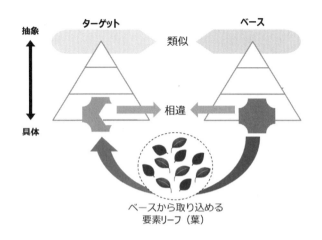

類似

相違

ベースから取り込める
要素リーフ（葉）

　リーフは定義した問題を解決するものが望まれますが、「発散」するこのフェーズではそのことを意識しすぎないでください。マッチングを経て選択されたベースにはターゲットに貢献するリーフが詰まっているはずです。この時点で問題を直接解決するものだけを考えると発想が広がらず、誰もが考えつく凡庸なアイデアになりがちです。問題は思ってもいない方向から解決されることがあります。予想外のピースがはまってパズルが出来上がるように、この時点で気付いていなくても、問題解決に繋がる可能性があります。

　このフェーズは、アナロジカル・デザインでもっとも楽しいフェーズです。思い切って「発散」してください！

## 4-1　特性分類からの発散

　「発散」するには、先入観や固定観念を排除することが重要です。一部に偏った思考では袋小路に入りやすく、アイデアも尽きてしまいます。ベースを全方位的に検証することで問題解決

の糸口を見出します。

　フェーズ1では、ターゲットを具体化するときの道標として4つの「特性分類」を使いました。ここでも「特性分類」を使ってベースから取り込める要素を見つけます。それぞれの特性分類を参照して、ベースではそれがどのようになっているかを確認します。ターゲットに取り込むことで問題解決に貢献しそうなものがあれば、それをどんどん付箋紙に書いていきます（発散します）。

　ベースでの実態がそのままターゲットに適用できる場合もありますが、大抵は考え方や概念が参考になるというものです。場合によっては考え方や概念からさらに脇道に入ったところにヒントがあるかもしれません。大切なのは発想を自由に広げることです。アイデアを探しているときに「つじつまが合わない」とか「飛躍がある」という理由で却下しないでください。

　大切なのは出てきたアイデアであって、アイデアが生成されるプロセスではありません。思い出したニュース記事、昨日友人と会話した内容、たった今うるさく聞こえてくる隣室のテレビ、そんなことから思ってもいないアイデアが生まれることがあります。それはロジカルでありませんが、アナロジーの小さなジャンプが起こっていると考えてください。

#### ◆4-1-1　「ビジネス特性」からの発散

　ベースからターゲットに取り込める要素であるリーフを、「ビジネス特性（P. 77）」から考えます。ターゲットやベースにビジネスの要素がある場合はもちろんですが、特にビジネスと関連がない場合も「そういう観点があるんだ」という気付き

になるかもしれないので、確認してみてください。

　ビジネス特性には以下のような項目があります。
・顧客特性
・バリューチェーン特性
・製品・サービス特性
・財務特性
・エコシステム
　これらの項目についてベースを確認していきましょう。

　フェーズ3では、ターゲットが「宅配ビジネス」でベースが「CtoCビジネス」を例として取り上げました。ここから「我々はどうすれば、荷物の集荷・配送を複数の個人に委託できるか」という問題を定義しました。ドライバー不足が課題になっている宅配ビジネスにおいて、CtoCビジネスのアナロジーから問題を探ったものです。「CtoCビジネス」をビジネスの観点で発散して「宅配ビジネス」に取り込める要素を探ります。

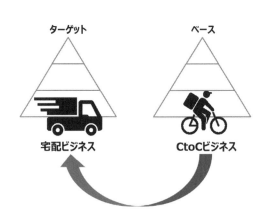

　例えば「顧客特性」を考えた場合、CtoCビジネスでは文字どおり一般消費者（Customer）同士が取り引きを行います。

一般消費者がモノやサービスを提供し、一般消費者が顧客としてこれを消費します。貨幣が普及する前の物々交換の時代に行われていたのは、すべてCtoCビジネスといえます。農作物と魚の交換は、農家と漁師という消費者同士の取り引きです。

　しかし、現代のCtoCビジネスは消費者同士で完結しているわけではありません。Customerという言葉には現れてこない、重要なステークホルダーが隠れています。それがプラットフォーマーです。ITを介して消費者同士が繋がる現在のCtoCビジネスでは、プラットフォームが欠かせません。メルカリやヤフオク、Uber Eatsなどは皆プラットフォーマーです。ベースである「CtoCビジネス」から持ってくる要素として「プラットフォーム」が候補になりそうです。

　次に「バリューチェーン特性」を考えてみます。一般的なスーパーなどでは、生産者から商品を仕入れて運びマーケティングを行い販売するというバリューチェーンです。同じ商品を購入するのでもCtoCビジネスであるヤフオクの場合では何が違うのでしょう？

　生産者（商品の提供者）から直接購入し、広告や決済、運送などをヤフオクが提供するサービスを利用します。プラットフォーマーが介在する点は異なりますが、バリューチェーンの個々の要素は一般のスーパーと同じです。

　決定的な違いは購入後にあります。それは、購入者が商品の提供者を「評価」することです。ヤフオクでは5段階も評価があり、コメントを残すこともできます。また、販売者の過去の評価実績を簡単に閲覧できるので、信用できる相手なのかを事前に知ることができます。

　このような評価はメルカリにもUber Eatsにもあり、健全なマーケットを成立させるための鍵になっています。CtoCビジネスからは「いいね評価」も持ってこられるかもしれません。

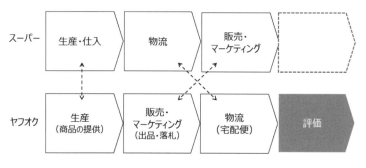

| スーパー | 生産・仕入 | 物流 | 販売・マーケティング | |
| --- | --- | --- | --- | --- |

| ヤフオク | 生産（商品の提供） | 販売・マーケティング（出品・落札） | 物流（宅配便） | 評価 |
| --- | --- | --- | --- | --- |

バリューチェーンの比較

「財務特性」はどうなっているでしょう？

　Uber Eatsを利用する飲食店は初期費用に数万円支払いますが、その後はUber Eats経由での売上に対して手数料を支払う仕組みです。Uber Eatsが配達パートナーに支払う報酬は、商品の受け取りと配達にかかる時間と距離を基本とし、交通状況や店舗の待ち時間などで細かく調整金額が支給されます。ここで行われているのは、徹底した変動費化です。

　繁忙期に季節労働者を受け入れることで人件費支出を変動費化することは以前から行われてきました。しかし、ここで行われているのは一つ一つの取り引き単位で費用を算出する方法です。しかも、その取り引きの内容（距離、時間、渋滞状況！）に合わせて変動する徹底ぶりです。

　情報技術の革新でこれが可能になったわけですが、このような徹底した「変動費化」も取り込める要素かもしれません。

　ここではベースを「ビジネス特性」の観点から検証し、リーフを探しました。「CtoCビジネス」からは以下が候補になりそうです。

「プラットフォーム」

「いいね評価」

「変動費化」

　宅配ビジネスはプラットフォーマーとして、配達パートナー

と利用者を繋ぐ役割に特化する形態が考えられます。配達パートナーは隙間時間を利用する学生など一般の人なので、信用を担保するためにも利用者の「いいね評価」は必須でしょう。配達にかかる時間や距離に応じた報酬とすることで、社員に固定費として支払っていた人件費を「変動費化」できます。長距離の輸送は外部に委託することで「トラックを持たない宅配業者」が実現できるかもしれません。

　他にも「CtoCビジネス」から持ってこられるものはたくさんありそうです。候補は付箋紙に書いてどんどん溜めていきましょう。


### ◆4-1-2　「空間的特性」からの発散

　次は「空間的特性（P. 88）」から考えます。空間的特性には以下の項目があります。
・物理的構造
・機能的構造
・人的構造
・物理・機能・人の構造

　フェーズ3では、ターゲットが「クルマ」でベースが「カメラ」を例として取り上げました。ここから「我々はどうすれば、クルマのパーツを簡単に交換し居住性や走行性を変化させて楽しむことができるか」という問題を定義しました。

　レンズ交換式のカメラでは、被写体や撮影環境に合わせてレンズを替えられますが、クルマは購入時に仕様が決まっていて、ユーザーに合わせてカスタマイズするのは難しいというところに焦点を当てました。「カメラ」を空間的特性の観点で発散し、「クルマ」に取り込める要素を探ります。

　（ここでは解説のため問題例を入れ替えていますが、1つの問題について4つの特性分類すべてを参照して発散するのが基本

です）

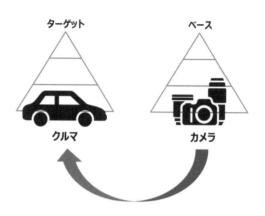

ターゲット　　　　　ベース

クルマ　　　　　カメラ

　マッチングでは、クルマのボディとプラットフォームがカメラのボディとレンズのアナロジーになっているということでベースとして選ばれました。レンズ交換式カメラにおける「物理的構造」を見ると、一番特徴的なのはレンズを取り外すことができ、他のレンズと交換できるということです。

　とはいっても、どんなレンズとでも交換できるかというと、そうではありません。ボディとレンズには「マウント」と呼ばれる接合機構があり、これが同じ種類のものでなければなりません。同じメーカーのボディとレンズは大抵は同じマウントを採用しており互換性がありますが、メーカーが違うとマウントも異なる場合が多く、その場合はレンズ交換できません。

　さて、このメーカーごとに異なるマウントを採用する方式は、顧客の囲い込みという意味では機能しますが、利用者によっては他のメーカーのレンズも使ってみたいという人もいます。その場合は、異なるマウントを繋げるための「アダプター」を別に用意することになります。

　「マウント」はメーカー内の互換性を担保しますが、他社製品を排除するように働きます。「アダプター」はこの境界を乗り

アナロジカル・デザイン

越えるためものです。メーカーやユーザーの思いが交錯する面白い仕組みだと思います。カメラの「マウント」と「アダプター」という機能はクルマにも取り込めるかもしれません。

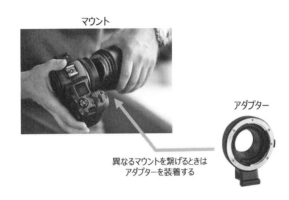

マウント

アダプター

異なるマウントを繋げるときは
アダプターを装着する

　次に「機能的構造」を見ていきましょう。

　レンズは撮影対象に当たっている光を取り込み、イメージセンサー上で像を結びます。レンズは画角や明るさなど写真の基本的な枠組みを決定します。これらを変えて撮影したい場合はレンズを交換する必要があります。レンズにはピントや絞りの調節機能もあります。

　ボディには利用者が撮影対象を確認できるファインダーや液晶モニターが備わり、シャッター速度を調節する機能や様々な自動化機能、レンズから取り込んだ光を電子信号に変換する機能なども搭載されます。ボディは利用者の使い勝手や画像の精細度を決めています。

　通常、交換部品というのは消耗品やユーザーニーズに合わせた部分的なものが多く、例えば安全カミソリの場合は古くなった替え刃を交換します。腕時計の場合はベルトを好みに合わせて交換する場合があります。どちらもメインとサブがはっきりしており、メインは継続して利用されることが前提です。

　しかし、カメラはレンズもボディも同じくらい重要な機能を

持っており、ボディからレンズを選択するだけではなく、レンズからボディを選択するというケースもあります。実際、ボディより高価なレンズはたくさんあり、どちらがメインというのは利用者によるのです（Canonのレンズがたくさんあるので今度もボディはCanonだな）。

　このように同じような価値を持つ部品同士を相互に交換することができるのが、レンズ交換式カメラの特徴の一つになっています。「等価部品の相互交換」ということもターゲットに取り込める要素かもしれません。

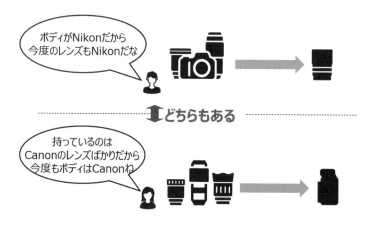

　ここではベースを「空間的特性」の観点で検証し、リーフを探しました。「カメラ」からは以下が候補になりそうです。
「マウント」
「アダプター」
「等価部品の相互交換」
　クルマのボディとプラットフォームを相互交換が可能な部品とみなして、マウントを共通化することで様々な組み合わせが実現するかもしれません。
　アパレルメーカーのCHANELが作るボディはスタイリッ

シュなデザインで統一されていたり、音響メーカー BOSE の
ボディは迫力あるサウンドが楽しめるでしょう。もし、バング
&オルフセンのデザイナーだったヤコブ・イェンセンのボディ
があったら、きっと今までにない未来的なものになったと思い
ます。無印良品やユニクロのクルマは既成概念を変えるような
新しいスタンダードになるかもしれません。

　技術的な進歩ですぐに陳腐化してしまい、買い替え需要に
頼ってきたクルマですが、交換可能なボディによって継続した
価値を持つようになるかもしれません。技術的な更新は交換部
品やソフトウェアアップデートとして提供するのです。


### ◆ 4-1-3 「時間的特性」からの発散

「時間的特性（P. 103)」には以下の項目があります。
・利用プロセス
・提供プロセス
・歴史


　フェーズ3では、ターゲットが「宅配ビジネス」でベースが
「DPE ショップ」を例として取り上げました。このことから
「我々はどうすれば、地域に開かれた宅配サービスの拠点で同
業他社と協力できるか」という問題を定義しました。
　宅配ビジネスでは「競争と協力が重要」という気付きに対し
て、他社メーカーのフィルムも扱う「DPE ショップ」が「競
争と協力」という点で一致しており、ベースとして参照できる
のではないかと考えました。ここでは「DPE ショップ」を時
間的特性の観点で発散し、「宅配ビジネス」に取り込める要素
を探ります。

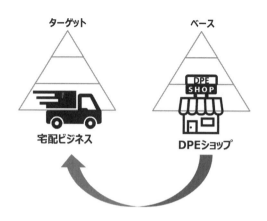

　「DPEショップ」は写真フィルムの「現像・焼き付け・引き伸ばし」などの業務を行うところです。DPEショップの「利用プロセス」について考えてみます。

　フィルムカメラで写真を撮影して、フィルムを全部使い切ったら巻き戻してカートリッジを取り出します。これをDPEショップに持ち込んで「現像だけなのか」「プリントも行うのか」「プリントのサイズはどうするか」などを伝えます。料金は大抵後払いになっていて、名前と仕上がり時刻が書かれた預かり票を受け取ります。一般的な現像とプリントであれば45〜60分ほどで仕上がります。待っている間は近くで買い物などをして時間をつぶしますが、後日、受け取りに行く場合もあります。時間になったらDPEショップに戻り、預かり票と引き換えに現像されたフィルムとプリントを受け取り、料金を支払います。

　さて、このプロセスは、利用者が行うこととDPEショップが行うことが明確に分かれています。「フィルムを巻き戻して」「カートリッジ」の状態にして「DPEショップに持ち込む」のは利用者の役割です。「現像」して「プリント」するのはDPEショップの役割です。

　この境界は全世界共通です。そして、どんなフィルムメー

カーでも共通です。このように利用プロセスが共通化できるのは、フィルムの規格が共通だからです。フィルムの規格が同じなので、利用者はカメラの機種に関係なくフィルムの装填と取り外しを簡単に行えます（腕時計の電池交換ではこうはいきません）。

　DPEショップではフィルムの規格に合った現像機が準備されているので、時間内に仕事を終わらせることができます。フィルムの規格がバラバラだったら、ここまで明確に役割を区切ることはできないかもしれません。また、世界中で同じというわけにはいかなかったでしょう。フィルムの規格が同じなので利用プロセスを共通化できたのです。「規格の共通化」というのはターゲットに持ち込めるかもしれません。

　「歴史」も「時間的特性」の一つです。DPEショップの利用プロセスではフィルムの規格が大きく影響していました。ここではフィルムの歴史を見てみましょう。

　19世紀末まで、写真は大型のカメラにガラス製の乾板を入れて撮影していました。この時代、私たちがよく知っている35mmフィルムは映画用のシネフィルムとして利用されていました。動くものを連続して撮影する映画では、写真乾板のように1枚ずつ交換するものではなく、柔らかな素材で作られ、巻き取りながら撮影できるフィルムが必要だったのです。

　映画で使われていた35mmフィルムを初めて静止画用のカメラで使用したのが、エルンスト・ライツ社です。「ライツのカメラ」（Leitz Camera）ということで「ライカ」と名付けられました。その後、35mmフィルムがスタンダードになり、世界中のカメラがこの規格で作られることになります。

映画用のシネフィルム　　　　写真用の35mmフィルム

シネフィルムから写真フィルムへ

　これは「3-1-1-4　先進分野からの探索」で解説したことに当てはまります。静止画を撮る実用的な写真技術が発明されたのは1836年で、今の映画技術に繋がるシネマトグラフは1895年にリュミエール兄弟によって開発されました。当時、最先端の技術だった映画からフィルムを「持ってきた」のです。

　しかし、単に持ってきたわけではありません。映画用のカメラではフィルムを連続的に露光する必要があったので、ロールに巻かれた35mmフィルムが使われていました。しかし、ライツ社のエンジニアだったオスカー・バルナックは、静止画のカメラを小型化するためにこのフィルムを使ったのです。

　バルナックは、「動きを撮影する」ことから「小型化する」ことに目的を変えて35mmフィルムを適用したのです。このような「目的を変えた流用」もターゲットにヒントを与えるものかもしれません。

　ここではベースを「時間的特性」の観点から検証しリーフを探してきました。「DPEショップ」からは以下が候補になりそうです。

「規格の共通化」
「目的を変えた流用」

「社会的特性（P.116）」には以下の項目があります。
・法律等による規制
・ルール、慣習
・社会貢献
・社会への負荷

　フェーズ3ではターゲットが「クルマ」でベースが「リフォーム業」を例として取り上げました。ここから「我々はどうすれば、移動するために必要な様々な手間を外部化し純粋に移動を楽しむことができるか」という問題を定義しました。

　リフォーム業では住居の改装を通じて住環境を総合的に維持・改善するトータルサービスを提供しているのに対し、クルマの製造業者は移動手段の提供にとどまり、「移動する」ことをトータルにサポートしていないのではないかという問題意識です。「リフォーム業」を社会的特性の観点で発散し、「宅配ビジネス」に取り込める要素を探ります。

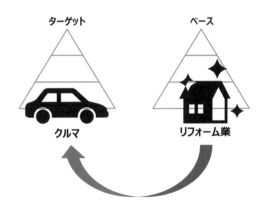

まず「法律等による規制」の観点からリフォーム業に関する法律を見てみます。例えば、2006年に制定された「住生活基本法」では、基本理念に以下の4つが掲げられています。

1．住生活の基盤である良質な住宅の供給
2．良好な居住環境の形成
3．居住のために住宅を購入するもの等の利益の擁護.増進
4．居住の安定の確保

　この法律以前は1966年から始まった「住宅建設五箇年計画」に基づき、公営・公庫・公団住宅の建設戸数の充足が図られました。しかし、近年の人口減少、住宅余り・空き家問題、作っては壊す環境への負荷、中古住宅の資産価値低迷など、様々な問題を受けて新たに策定された法律が「住生活基本法」です。これは典型的な「量から質」への転換です。

「住生活基本法」では様々な目標が掲げられています。ユニバーサルデザイン化率やバリアフリー化率など多様な人々の利用を考慮したものや、新耐震基準の適合率、火災に対する安全性整備率など防災対策、省エネルギー住宅率や中古住宅の流通シェアといった環境面への配慮など、多角的に住環境を改善する方向が示されています。

　住宅は基本的にはすべての人に必要なものなので、年齢や障がいの有無にかかわらず、あらゆる人が快適に利用できる住環境という考え方は重要です。

　さて、クルマにはこのような考え方はあるでしょうか？　クルマという製品はもちろん、クルマが目指してきた「自由に移動する」という目的において、ダイバーシティはどのように考えられてきたのでしょう？

　車椅子で乗り降りできるクルマや、手足に障がいがある人が運転できるように特別にカスタマイズされたクルマもあります。しかし、アクセルとブレーキの踏み間違いや高速道路の逆走など、高齢者による事故は後を絶ちません。交通量の多い市街や長距離の走行は、認知能力や身体能力の優れた健康な成人に限

られたことのようにも感じます。もちろん、免許のない者や未成年者は対象外です。

　しかし、「自由に移動する」というニーズは年齢や障がいの有無、ましてや免許の有無に関係なく、誰でも同じように求めていることではないでしょうか？「リフォーム業」が目指す住環境の「ダイバーシティ」は、「クルマ」においても重要な課題かもしれません。

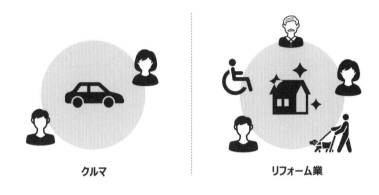

**クルマ**　　　　　　　　**リフォーム業**

クルマとリフォーム業のダイバーシティ

　次にリフォーム業の「ルール、慣習」を考えてみましょう。

　リフォーム業界では「営業」「設計」「施工」のような分業が広く行われています。「施工」はさらに「水回り工事」「電気工事」「大工工事」などの専門業者に振り分けられます。リフォーム会社はこれらの専門業者をコーディネートし、顧客満足を最大化することに努めます。

　クルマを使った移動は、クルマの運転だけで完結するのではなく、移動先で駐車場が必要だったり、途中で食事をとったりもします。渋滞状況は移動そのものの品質に決定的に影響します。また、電車や飛行機などの他の交通機関も併せて利用する場合があります。

フェラーリやベンツでの移動でも、渋滞につかまり、駐車場を探し回って、食事をとる時間もないようでは困ります。軽自動車であっても気分良く走って、安全なところに駐車し、移動先でゆっくりと過ごせる方が、はるかに価値が高いのではないでしょうか。

　そんな移動を「自由に行う」ために、リフォーム業で行われている「分業」がヒントになるかもしれません。リフォーム会社は様々な専門家と連携して住環境を整えていました。クルマの移動に欠けているのは、移動そのものをコーディネートするような役割なのかもしれません。ここでは「コーディネーター」と「分業」という考え方をリーフとして抽出します。

　ベースを「社会的特性」の観点から検証し、リーフを探してきました。「リフォーム業」からは以下が候補になりそうです。
「ダイバーシティ」
「コーディネーター」
「分業」

　旅行をトータルにコーディネートするのは旅行業者が行います。旅行というほどではないちょっとした外出や通勤、出張、通院などで私たちは始終移動しているのにもかかわらず、「移動」のコーディネートはどこもやっていません。

　高齢者や障がい者にとっては、この「移動」への障壁は特に高いものです。物理的に移動することに加え、「渋滞状況はどうなのか？」「障がい者用のトイレはどこにあるのか？」「駐車場から段差なく車椅子で移動できるルートは？」など、情報面での「ダイバーシティ」も重要になってきます。

　もちろん、移動はクルマだけで行われるものではないので、他の交通機関との分業も必要でしょう。利用者への情報提供を確実に行うため、ITの専門家との協業も必要です。


　ここまで、ベースを「特性分類」の観点で発散し、ターゲットに取り込める要素を探しました。解説では様々な例を示すた

め、複数の問題を取り上げ、それぞれを4つの異なる「特性分類」から考えました。実際に皆さんが行うときには問題は1つに絞り込まれているので、1つの問題について4つの「特性分類」を当てはめて考えてみてください。

でも、必ず「特性分類」から考えなければならないということではありません。「特性分類」を参照したのは、何もないところから発想するのが難しいからです。ビジネス、空間的、時間的、社会的という様々な観点があることで、発想を広げるきっかけになります。モノゴトを捉える観点はこれだけではないので、思いついた観点があれば、そこから発想してみてください。

## 4-2 イメージからの発散

前項の「特性分類」から発散する方法は文字情報をきっかけにしたものでした。一方で、私たちの頭に浮かぶイメージも発想を広げるのに役立ちます。私たちの思考は文章のような文字情報になるのは最終段階で、それ以前は混沌としたイメージです。イメージは映像であったり、映像にもなっていない概念のような場合もあります。

ここでは、そんな文字情報以前のイメージを使って発想を広げます。大事なのは論理的な発想を超えることです。論理は抽象化フェーズでしっかり考えます。今は具体化のフェーズなので、様々な断片から思い切って発想を広げてください。

### ◆ 4-2-1 利用プロセスのイメージ

ベースを利用するプロセスをイメージしてみましょう。

ターゲットが「宅配ビジネス」でベースが「CtoCビジネス」の場合を例題にして、「CtoCビジネス」の利用イメージか

ら「宅配ビジネス」に取り込む要素を探します。

　CtoCビジネスで利用が広がっているものにUber Eatsがあります。Uber Eatsを利用するときをイメージしてみましょう。できるだけ細かなところまで頭の中で再現します。本筋から外れても大丈夫です。

　Uber Eatsを注文するのはどんな時でしょう？　例えば、休日に家族でどこかに出かけた日の夕食とかかもしれません。なるべく手間をかけずに食事を済ませたい。そんな時です。そこには、少し疲れてリビングで身体を伸ばす家族がいます。皆、手元のスマートフォンを習慣のように触っています。その中にUber Eatsのアイコンが見えます。

　注文するときに、サイドメニューを勧められたり配達スタッフへのチップを促すメッセージが出ますが、戸惑うこともなく注文は完了します。すぐに配達スタッフが出発したというポップアップが表示されます。配達スタッフがこちらに向かっているルートが地図上にリアルタイムで表示されます。到着予想時刻も出ています。

「間もなく到着します」のポップアップのあと、すぐにチャイムが鳴ります。玄関で容器に入れられた食事を受け取ります。まだ温かくいい匂いもします。家族は皆、スマートフォンを置いて食卓に集まってきます。同じパッケージを開いて食事。食事の途中で配達スタッフの評価を求めるポップアップが届きます。「疲れた家族」や「スマホのポップアップ通知」や「温かくいい匂いの食事」

　そんな映像が印象に残ります。この様子を簡単な線画で書いてみてください。

「Uber Eats は疲れたときによく頼むんだった」
「これは買い物で疲れたときの画だな」
「買い物も宅配で代行してくれないかな」

「Uber は本当に通知が多いな」
「LINE の友達からと同じくらいポップアップが開くぞ」
「配達スタッフが友達だったらどうかな？」
「自分専用の宅配があったら信用できるし痒い所に手が届くかも」

「食事を受け取っているとき、ちょうど、マンションの隣の家から人が出てきたことがあった」

「いい匂いがしてたから、お隣さんもUberにしたかも」

「マンションという単位だと、同じものを宅配してほしい人は多いのでは」

「共同購買、一斉配送でコストダウンできるならいいね」

　「CtoCビジネス」（Uber Eats）の利用イメージから、以下のようなリーフが見つかりました。

「買い物代行」

「自分専用宅配」

「共同購買、一斉配送」

　映像からイメージを膨らませてください。

### ◆4-2-2　背景と周辺のイメージ

　前項では、ベースそのものの利用プロセスに焦点を当てました。ここでは、ベースの背景や周辺に着目します。

　ターゲットが「クルマ」でベースが「カメラ」の場合を例題にして、「カメラ」の背景や周辺から「クルマ」に取り込む要素を探します。

　カメラで撮影する様子を、映画のセットのように俯瞰でイメージしてみましょう。カメラを構える人はお父さんでしょうか。レンズが向けられる先には家族がいます。周辺では犬が走

り回っているかもしれません。背景には海や山などの特別な風
景が広がっているかもしれません。

　お父さんは張り切ってシャッターを切っていますが、レンズ
の向こうのお母さんは少し疲れているようです。子供たちとお
父さんにはこの写真が楽しい記録になるのでしょう。でも、お
母さんは、急に出かけることになって、できなかった家事も明
日に積み残しです。今日の外食の費用もバカになりません。
　写真は過去を記録します。クルマにも過去を記録するドライ
ブレコーダーという機能があります。ドライブレコーダーでお
母さんにも嬉しいことはできないでしょうか？
　例えば、ドライブレコーダーの情報に基づいてポイントを溜
めることができたらどうでしょう？　ドライブレコーダーの情
報を使って運転技能を評価している運送業者もあります。安全
運転を行っているドライバーにはポイントを付与することがで
きるでしょう。渋滞緩和のため混雑する道を避けた場合にポイ
ントを付与することも考えられます。クルマは走行すればガソ
リンを消費し定期的に点検・修理が必要です。走行すればこれ
らの業者の儲けになるわけですから、走行するだけでポイント
を付けることもできるかもしれません。
　一方、渋滞緩和の考えを一歩進めて、ゴールデンウィークな

どの混雑時に「走行しない」ことにポイントを付与することも考えられます。ポイントで買い物ができたり、保険料が安くなったりすれば、カメラの前のお母さんも少しは笑顔になるでしょう。

　もう1つのイメージから発想してみましょう。写真はスマホやアルバムに格納されて長い年月を過ごし、被写体になった人が何かのきっかけでその写真を見ることになります。その人の頭の中は撮影した時に戻り、思い出に浸ることになります。

　このように、カメラはタイムトラベルを実現するものとも考えられます。カメラは過去への時間旅行で、クルマは空間を移動する旅行というわけです。確かにクルマは空間を移動するものですが、目的地に到着するのは未来です。移動中も未来です。そうすると、クルマは未来に向けて時間も移動するようにも思えてきます。

　クルマにとって未来は特に重要ということです。目的地の天候、駐車場の空き状況、移動中の渋滞状況、ガソリンの消費量と給油タイミング、周辺の歩行者や他のクルマの位置を把握し、自分が通過する時の位置が予測できたら事故防止に繋がるかもしれません。クルマの利用にとって必要な情報はほとんどが未来に向けたもののようです。

　あらゆる情報を駆使する「未来予測プラットフォーム」が搭

載されたら、クルマでの移動はより安全で快適になるかもしれません。

　カメラの周辺イメージから以下のようなリーフに繋がりました。

「ポイント制」

「未来予測プラットフォーム」

　他にも、例えばクルマとカメラの共通点である「親しい人と一緒に使うことが多い」ことから発想を広げることも考えられます。


　ここまで、イメージから発散することで、ターゲットに取り込める要素を探しました。

　ポイントの1つは、イメージからアイデアを思いついたときの深掘りの度合いです。例で示した程度で十分です。あまり深掘りすると、その考えに固執してしまい、様々なアイデアを結合したり分割するのが難しくなってしまうためです。

　もう1つのポイントは、「絵を描いてみる」ということです。言語思考を映像思考に切り替えるには、手を動かして絵を描き、それを目で見るというプロセスがどうしても必要です。

　最後は、発想の連鎖をどのように行うかという点です。お手本は寝ている時に見る「夢」です。もちろん、夢は無意識で見ているので論理的な縛りがなく、自由な発想の連鎖が行われます。起きてから考えると支離滅裂なストーリーも、夢の中では全く違和感なく真剣にその世界に参加しています。イメージからアイデアが生まれたら、その支離滅裂に真剣な態度で参加して、発想を連鎖させてください。

## 4-3 「加減乗除」による連鎖発想

　ここまで、特性分類からの発散とイメージからの発散を行い、ベースから取り込める要素「リーフ」を探索してきました。これらを材料にしてさらに発想を連鎖させます。

　注意してほしいのは、似ているリーフをグルーピングしたり、何かを基準に整理するものではないということです。これは次のフェーズで行います。フェーズ4は発散のフェーズなので、これまでに抽出した材料を使ってさらにアイデアを広げていきます。あるリーフから子供のリーフが生まれるように発想を連鎖させていきます。階層関係や因果関係は抽象化のフェーズで行いますので、ここで考える必要はありません。

　リーフの使い方は算数のアナロジーが有効です。算数というのは「加減乗除」です。

　足し算は、材料となるリーフに何かを加えるという考え方です。リーフ同士を足し合わせる方法もあります。

　引き算は、材料となるリーフから何かを差し引くという考え方です。シンプルな発想に繋がります。

　掛け算は、材料となるリーフと何かを統合することで、全く別の価値を生み出すものです。

　割り算は、材料となるリーフを何かの基準で分割することで、全く別の価値を生み出すものです。

### ◆ 4-3-1 「足し算」による発想の連鎖

「足し算」は、何かを加えることで新しい価値を生み出すものです。足される側と足した側のどちらも別々に使えるもので、例えば以下のようなものです。

（鉛筆）＋（消しゴム）＝（消しゴム付き鉛筆）

（ラジオ）＋（カセットレコーダー）＝（ラジカセ）

アナロジカル・デザイン

（レンジ）＋（オーブン）＝（オーブンレンジ）

（郵便）＋（金融）＝（郵便局）

（薬局）＋（日用品販売）＝（ドラッグストア）

　4-1-1と4-2-1で、ターゲットが「宅配ビジネス」でベースが「CtoCビジネス」の例を取り上げました。ここから以下のようなリーフを見出しましたが、「足し算」を使ってさらに発想を広げます。

「プラットフォーム」

「いいね評価」

「変動費化」

「買い物代行」

「自分専用宅配」

「共同購買、一斉配送」

　現代の「CtoCビジネス」では「プラットフォーム」は必須になっていて、カスタマー間の取り引きを繋ぐものでした。現在は様々な産業がプラットフォーム化していると言われています。

　従来は企業が中心で様々な製品やサービスを提供してきました。巨大な企業グループが製造、流通、販売、メンテナンスなどを一貫して行うという形態です。一方、プラットフォーム化したビジネスでは企業の外側にいる消費者が主役で、その周辺に様々なプラットフォームが存在し、必要に応じて利用する形態になっています。

出典）accenture「プラットフォーマーの成功モデルに見る 消費者中心の市場で生き残るための戦略とは？」を基に改変 https://www.accenture.com/jp-ja/insights/automotive/rise-platformers

プラットフォーム化するビジネス

「宅配ビジネス」で「プラットフォーム」を考えた場合は物流のためのプラットフォームということになりますが、ここに「足し算」することで面白いアイデアは生まれないでしょうか？

　何かの荷物を受け取る人は、その荷物が必要だからです。既にその領域に強い関心があるということです。注文したサプリメントを受け取る人は健康や美容に関心があり、ネックピロー（首枕）を注文した人は旅行に興味がある可能性があります。これだけ広範囲に個人のニーズを把握できるのは宅配くらいではないでしょうか。

　ここから「プラットフォーム」の機能に「広告メディア」機能を足し算するという発想が生まれます。物流のためのプラットフォームに広告のプラットフォームが同居して、宅配の利用者と商品の製造メーカーを繋ぐのです。

　他にも、Uber Eats では配達スタッフへの「いいね評価」に加え、「チップ」が足し算されていました。「チップ」以外に足し算できるものはないでしょうか？

アナロジカル・デザイン

## ◆ 4-3-2 「引き算」による発想の連鎖

「引き算」は、何かを削ることで新しい価値を生み出すものです。単に機能を削減するというのではなく、それによって今までにない効果が表れるようなものです。

（携帯電話）－（ボタン）＝（iPhone）

（ファミリーレストラン）－（給仕）＝（フリードリンク）

（飲食店）－（店舗）＝（デリバリー専門飲食店）

（エアコン）－（暖房機能）＝（冷房専用エアコン）

（ラジカセ）－（ラジオ）－（録音機能）－（スピーカー）＝（ウォークマン）

4-1-4では、ターゲットが「クルマ」でベースが「リフォーム業」の例を取り上げました。ここから以下のようなリーフを見出しましたが、「引き算」を使ってさらに発想を広げます。

「ダイバーシティ」

「コーディネーター」

「分業」

4-1-4では、移動する人の「ダイバーシティ」に着目してバリアフリー化を考えました。ここではクルマそのものから「引き算」することで「ダイバーシティ」を考えます。

クルマはまさに多様で、あらゆる種類が存在します。外観のデザイン、乗車スペースの広さや座席数、エンジン排気量や出力、自動化技術、安全支援機能……これらを組み合わせた様々な車種が販売されていますが、本当に必要でしょうか？　ヘッドライトの形が少し違っていたり、エンジン性能が多少異なる車種を開発して販売するのには莫大なコストがかけられます。その違いを求めて購入するということは、それだけのクルマがどこかで廃棄されているということです。

多様な利用者に向けて多様な製品を提供するというのは、一見、合理的に見えますが、多様にすべき部分とそうでない部分

は考える必要があります。ユニクロの洋服はサイズや色は豊富で様々なものが選べますが、デザインはシンプルな定番のものが多く、価格も低いものがほとんどです。

　基本となるのは、高齢者や身体に障がいのある人も乗り降りしやすい広い乗降口がある1種類の車種のみ。乗車人数とカラーバリエーションは豊富な選択肢から選べるようにしてはどうでしょう。本当に必要な安全機能は完全に満たし、無駄な装飾や高級感を出すためだけの装備はすべて排除することで低価格を実現します。

　収入や性別、年齢などの多様性に対して個々のニーズごとに製品化するのではなく、多様なユーザーの最大公約数をとったクルマです。

デンマークの自転車メーカー（BIOMEGA）が開発した自動車。様々なものが「引き算」されている。
画像出典https://ev.biomega.com/

### ◆4-3-3　「掛け算」による発想の連鎖

「掛け算」は何かと何かを統合することで価値を生み出します。「足し算」は何かを付加することで両方が使えるというものでした。「掛け算」の場合は統合の前後では機能や効果が変わっており、統合によって新しい価値を生みます。例えば、以下のようなものです。

（寿司）×（ベルトコンベア）＝（回転寿司）

（製造プロセス）×（兵士の行進）＝（フォード社のベルトコ

ンベア）

（トイレ）×（シャワー）＝（温水洗浄便座）

（腕時計）×（ゴムまり）＝（G-shock）

（天ぷら）×（ラーメン）＝（インスタントラーメン）

（板チョコ）×（ナイフ）＝（カッターナイフ）

「回転寿司」は、白石義明氏がビール工場で製造に使われているベルトコンベアにヒントを得て開発したものです。単に寿司が動くというだけでなく、高級なイメージがあった寿司の概念を覆すものでした。このベルトコンベアを最初に工場に導入したのは、フォードの自動車組み立てラインです。兵隊が行進するときのドラムや、登山隊員がロープを繋いで山登りするときの様子から、フォードが思いついたと言われています。

「温水洗浄便座」は、トイレにシャワーが付いているので一見「足し算」のように思いますが、トイレの機能に従来のシャワーを取り付けたものではありません。「お尻を洗う」という全く新しいニーズを発掘したものです。

「G-shock」は、落としても壊れない時計を目指して開発されましたが、いくら堅牢なケースでテストしても上手くいきませんでした。そんな時に開発者の伊部菊雄氏は、ゴムまりで遊んでいる子供を見て「このゴムまりの中に時計の心臓部が入っていたら」という発想が生まれたそうです。

　安藤百福氏は、妻が天ぷらを揚げているのを見て「インスタントラーメン」の原理を思いつきました。

　カッターナイフは「オルファ株式会社」創業者の岡田良男氏が、戦後に進駐軍が板チョコを上手に割って食べている様子からヒントを得たものです。切れなくなった刃を研ぐのではなく、折って捨てるというのは「引き算」にも通じる発想です。

　4-1-2と4-2-2では、ターゲットが「クルマ」でベースが「カメラ」の例を取り上げました。ここから次のようなリーフを見出しましたが、「掛け算」を使ってさらに発想を広げます。

「マウント」

「アダプター」

「等価部品の相互交換」

「ポイント制」

「未来予測プラットフォーム」

　クルマの製造メーカーの多くはグローバル企業で、日本の主要なメーカーも世界中でビジネスを行っています。なので、クルマはグローバルなものと考えがちですが、実はとてもローカルな乗り物です。

　ある保険会社の調査によると、年間の平均走行距離が5,000km未満が約50%で、10,000kmを超えるのは10%程度しかありません。年間5,000kmを1日に直すと片道6〜7km程度、週末だけ運転するとしても20〜30kmほどなので、ほとんどは市内から出ていないということになります。そう考えると、クルマは鉄道や飛行機より自転車に近い乗り物なのです。

　では、このローカルな乗り物ということと「ポイント制」を掛け合わせると、どんなアイデアが生まれるでしょう。クルマは地域の経済に貢献します。クルマを買うためにわざわざ他県に行く人は少ないでしょう。ガソリンを入れるのも車検を取るのも大抵は地元で済ませます。出かけるレストランも遊園地もスーパーも、クルマで1時間以上かかることは少ないはずです。クルマは地域にとって経済を回す血液です。

「地域」に貢献する「ポイント制」にはどんな形が考えられるでしょう。移動範囲がグローバルな航空会社の場合は、飛んだ距離が長いほど「マイル」が溜まります。これと反対に、「地域」内での移動にポイントを付与することは考えられないでしょうか。移動範囲が小さいことにポイントを付与するのです。市内での移動は確実にガソリンを消費しており、市内で給油する可能性に繋がります。同じように市内で食事する可能性も買い物をする可能性も高まります。これを促進するためのポイントです。

「ポイント制」と「地域」の掛け算

### ◆ 4-3-4 「割り算」による発想の連鎖

「割り算」は、分割することで価値を生み出すものです。1つだと思っているモノゴトも、分割することで新しい価値が生まれる場合があります。分割する観点によって様々な発想に繋がります。

（垂直統合されたサプライチェーン）÷（業種・業態）＝（水平統合）

（賃貸住宅）÷（複数の住人）＝（ルームシェア）

（ラック）÷（ニーズ）＝（組み立て式ラック）

（債務）÷（複数回）＝（分割払い〈ローン〉）

（カメラ）÷（撮影ニーズ）＝（レンズ交換式カメラ）

4-1-3では、ターゲットが「宅配ビジネス」でベースが「DPEショップ」の例を取り上げました。宅配ビジネスにおいて協業が重要ではないかという仮説ですが、「DPEショップ」からは以下のようなアイデアが発想されました。

「規格の共通化」

「目的を変えた流用」

他社との共同配送を考えた場合、荷物を入れる段ボール箱の規格が共通になると、トラックの荷台が有効に使えたり、使用

済み段ボールを有効に活用できたりなどメリットがありそうです。共通化された規格で共同配送するところまではいいのですが、これに「割り算」することでさらに発想を前に進められないでしょうか。

　共同配送といっても、別会社の配送スタッフと同じトラックに乗って回るというのは考えにくいので、何らかの方法で仕事を分ける必要があります。すぐに思いつくのが「地域」を分けるという方法です。「1丁目は○○急便」「2丁目は□□運輸」という感じです。他に「割り算」できないでしょうか。

　例えば、時間帯で分ける方法もあります。「早朝と深夜は○○急便」「日中は□□運輸」という具合です。他にも建物タイプで分ける方法もあります。戸建てやマンションなどです。マンションでもエレベーターない団地タイプなどもあります。それぞれに得意・不得意があるかもしれません。荷物サイズや冷蔵便、冷凍便などで分ける方法もあります。「割り算」することで解像度が上がり、より具体的なイメージが現れます。

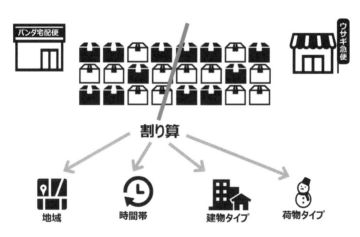

共同配送における「割り算」

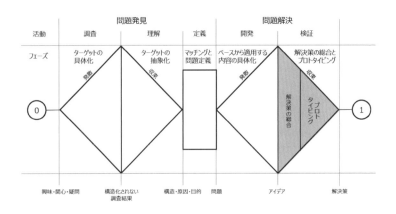

フェーズ4では問題を出発点に「発散」することで、アイデアの断片である「リーフ」を集めました。しかし、それらはまだ混沌とした状態です。フェーズ5では混沌としたリーフを総合することで解決策を導きます。

アナロジカル・デザインでは、モノゴトを理解する際に「空間的」と「時間的」という観点を使いますが、リーフから解決策を導く過程でもこの観点を使います。

「空間的」な総合には、リーフ同士の空間的な距離に基づいた2つのアプローチがあります。1つは、類似した複数のリーフを抽象化することで解決策を導くものです。抽象化を行うことで別の側面を見つけ、解決策として総合します。

もう1つは、反対に矛盾・対立するものの組み合わせから新たな解決策を見出す方法です。思ってもいない新規性のある解決策を導くのに有効です。

一方で、リーフには「時間的」な順序関係や因果関係が見せる場合があります。シナリオ（またはプロット）のようにリーフを抽象化することで解決策を見出します。問題を解決す

るのに手順を踏んだプロセスが必要な場合がありますが、「時間的」な総合はこのような問題と親和性があります。

　最後に、導き出した解決策に基づきプロトタイピングを行うことで抽象化の仕上げを行います。プロトタイピングは具体化の手法のようにも感じられますが、問題の解決方法を簡単なモデルやストーリーに転換する抽象化の技法になります。

　解決策というのは、ターゲットがベースの要素を取り込んで変容を遂げるありさまのすべてです。そこには、物理的な構造、ビジネス上の役割、社会的な位置付け、利用者や提供者の意識変化等々、あらゆるものが含まれます。しかし、プロトタイピングではユーザーとの接点にフォーカスし（他は捨象して）モデル化を行います。ユーザーとの接点を明らかにすることで、今までの思考とは反対側の視点から解決策を調整・補完します。また、ユーザーが解決策と出会うことで作られる未来を構想します。

## 5-1　解決策の総合

### ◆ 5-1-1　「空間的」な総合

　リーフを「空間的」に総合していくにはいくつかの方法があります。複数のリーフの共通点に着目して「グルーピング」する方法や、リーフ同士の関係や構造を抽出する「構造化」などです。これらはリーフとリーフの間に何らかの関係性を見出していくものです。

　一方、「関係のないこと」あるいは「対立していること」に着目する方法もあります。これは弁証法による抽象化で、無関係のリーフや対立するリーフを一段上の次元で統合することで新しい概念を作る方法です。また、注目すべき要素だけをピッ

クアップして他は忘れてしまう「捨象」も重要な抽象化技法です。これらの方法についてはフェーズ2でも解説していますので参照してください。


### 〈5-1-1-1　グルーピング〉

　ここまで、ターゲットを「宅配ビジネス」として、ベースに「CtoCビジネス」を設定し、「我々はどうすれば、荷物の集荷・配送を複数の個人に委託できるか」という問題を定義しました。前のフェーズではここから発散して以下のようなリーフを見出しました。
・プラットフォーム
・いいね評価
・変動費化
・買い物代行
・自分専用宅配
・共同購買（一斉配送）
・広告メディア
「プラットフォーム」や「広告メディア」は個人に配送を委託する際の「環境」なので、そのようにグルーピングできます。「いいね評価」や「変動費化」は配送スタッフに関することなので、そのようにグルーピングします。重要だったのは一般的なビジネスでは売り手と買い手のような二者の関係ですが、ここでは配送スタッフなどのパートナーを含めた三者関係になるということです。
「買い物代行」「自分専用宅配」「共同購入、一斉配送」などはサービスのメニューなので、実装する機能を検討するときの材料になります。

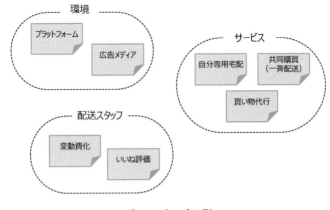

グルーピングの例

　これ以外にも様々なグルーピングの方法があると思います。「これが正解」というものではありませんので、何か気付きがあるグルーピングを探してみましょう。上記のようにグルーピングすることで、「複数の個人に配送を委託するサービス」を構築するためには3つの視点があることが分かります。

　1つは、どのような「環境」が必要になるかという視点です。現代のCtoCビジネスは情報システムによるプラットフォーム上に築かれるものでした。プラットフォームに必須の要件はビジネスの本質を決めることになるでしょう。

　もう1つは、「配送スタッフ」の役割と位置付けです。CtoCビジネスで特徴的な配送スタッフの存在をきちんと定義することで、ビジネスの全体像を見通します。

　最後に「サービス」ですが、これに基づいてビジネスの差別化要素を検証することになります。

### 〈5-1-1-2　構造化〉

　ターゲットを「クルマ」として、ベースに「カメラ」を設定し、「我々はどうすれば、クルマのパーツを簡単に交換し居住

性や走行性を変化させて楽しむことができるか」という問題を定義しました。ここから発散することで以下のようなリーフを見出しました。

・マウント
・アダプター
・等価部品の相互交換
・ポイント制
・未来予測プラットフォーム
・地域ポイント制

「等価部品の相互交換」というのは、レンズ交換式のカメラではボディとレンズは同じくらいの価値を持っていて、カメラに合わせてレンズを選ぶのと同じように、レンズに合わせてボディを選ぶことがあるという性質のことでした。

　そんな性質をクルマに取り入れて、プラットフォームを基準にボディを選択したり、ボディを基準にプラットフォームを選択したり、双方向に交換することができるのではないかというものです。

「マウント」はカメラのボディとレンズを接合する仕組みです。「アダプター」は異なるメーカーのボディとレンズを接合するためのものです。

　クルマで「等価部品の相互交換」を実現するには、やはり「マウント」や「アダプター」のような仕組みが必要になります。「等価部品の相互交換」を目的とすると、「マウント」や「アダプター」は手段ということになり、ここには階層構造が見られます。

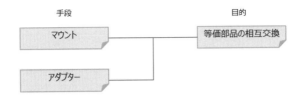

「地域ポイント制」は「ポイント制」の一種なので、ここにも階層構造があります。そうすると「地域ポイント制」と並ぶ階層にも他のポイント制も考えることができます。「安全運転ポイント」や「相乗りポイント」など、クルマと親和性のあるポイント制はいろいろありそうです。

　そんなふうに考えると、総合をきっかけに、再びフェーズ4で行った発散が始まったように感じますが問題ありません。フェーズ5は、大きな流れとしては収束する抽象化のフェーズですが、作業中には発散する場面も登場します。ここでの発散は総合をきっかけにしたものなので、抽象化をしっかり補強するものと考えてください。

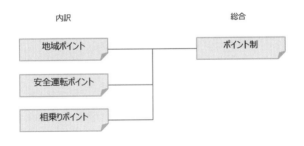

「未来予測プラットフォーム」は、クルマの運転に必要な未来の様々な情報を一元的に提供するものでした。他のリーフと上手く構造化できない場合は「捨象」しても結構ですが、「ポイント制」と組み合わせて何かできないでしょうか？

先ほどの「等価部品の相互交換」や「マウント」「アダプター」などは、"部品"という名のとおり物理的な構造に関するものです。一方、「ポイント制」はポイントを持っている者がそれを使ってメリットを受けることができる権利なので、実体を持ちません。「未来予測プラットフォーム」で提供されるのは情報なので、こちらも実体はありません。

　そう考えると「未来予測プラットフォーム」や「ポイント制」は、論理層のこととしてまとめることができます。つまり、クルマを考える場合は「物理層」と「論理層」の両面からのアプローチがあるということが見えてきます。

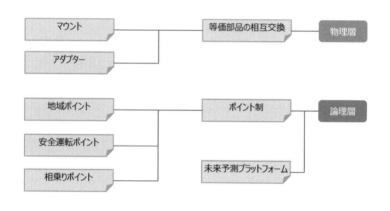

### 〈5-1-1-3　弁証法〉

　弁証法は対立や矛盾があるものを合わせることにより、高い次元の結論へと導く思考方法です。リーフを総合するときもこの方法が使えます。

　通常は個々の要素間に何らかの共通点を見つけたり、構造的な関係性を抜き出すことで抽象化します。しかし、複数のリーフを並べたとき、一見すると何の関係もないようなものもあります。これらは通常のグルーピングや構造化では簡単に抽象化

できません。このようなときは弁証法が有効です。

　先ほどのグルーピングをもう一度、見てみましょう。

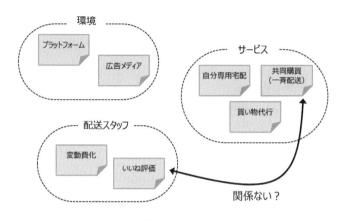

関係のないリーフ

　例えば、「いいね評価」と「共同購買」は一見、何の関係も
なさそうです。「いいね評価」は利用者が配送スタッフを評価
するもので、受けたサービスの満足度を表します。「共同購
買」は複数の利用者が同じものを同時に注文することで、製品
価格や配送費用の圧縮を狙ったものです。
「いいね評価」はサービス品質を担保するもので、「共同購買」
はコスト削減を目指すものなので、方向性が全く異なります。
　一般に、品質とコストにはトレードオフの関係があります。
品質を上げればコストが上がり、コストを下げれば品質も下
がってしまうので、両方のメリットを同時に目指すことは難し
く、対立関係にあるといえます。
　製品やサービスの価値には、品質（Quality）とコスト
（Cost）に加え、納期（Delivery）も重要な要素になります。
どんなに安くて美味い牛丼でも、1時間待たないと食べられな
かったら、誰も注文しません。QCDというのは、これらの頭

文字をとったものです。

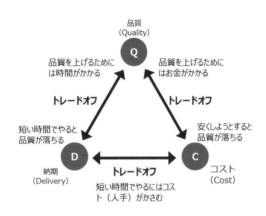

品質
（Quality）

Q

品質を上げるために　　　　　　品質を上げるために
は時間がかかる　　　　　　　　はお金がかかる

**トレードオフ**　　　　　　　　　**トレードオフ**

短い時間でやると　　　　　　　　　　安くしようとすると
品質が落ちる　　　　　　　　　　　　品質が落ちる

D　　　　**トレードオフ**　　　　C

納期　　　　短い時間でやるにはコス　　　コスト
（Delivery）　　ト（人手）がかさむ　　　（Cost）

QCDのトレードオフ

　上記の「いいね評価」はQで、「共同購買」はCに効いてく
るものです。もちろん宅配は、早く（指定された時間に誤差な
く）荷物を届けるという「納期（Delivery）」への関心が高い
ビジネスです。様々な業務もこれを最優先に最適化されていま
す。

　そう考えると、「いいね評価」や「共同購買」は、納期
（Delivery）"以外"の価値を追求したものともいえます。「納
期」を最優先しなければならないビジネスで、「納期」"以外"
に重点をおいた施策は考えられないでしょうか？

　一つには「在庫」を持つことが考えられます。利用者の家の
近くにいつでも取りに行くことができる「在庫」スペースが
あったら、宅配業者は「納期」から解放され、「品質」や「コ
スト」に注力することができるかもしれません。「共同購買」
で最初に思いつくのは、マンションなどの住人を対象にした、
トイレットペーパーやミネラルウォーターや洗剤など、保存の
効く日用品です。

　通常、配送スタッフは1つの配達に1つの「いいね評価」で

すが、「共同購買」では対象となる集合住宅の戸数分の「いいね」がもらえるとする方法もあります。配送スタッフには、限られた時間でより「いいね」をもらえる「共同購買」を開拓する動機づけが生まれ、利用者も安価な製品と配送料のメリットを受けられます。宅配業者も人材不足の解消に繋がるというような、ポジティブなスパイラルが生まれるかもしれません。

さて、一見無関係に見えた「いいね評価」と「共同購買」ですが、QCDの価値要素に抽象化すると、「D（納期）以外」という点で同じでした。「納期」が優先される宅配ビジネスにおいて、あえてそれ以外に重点を置いた施策という、新たな観点を見つけることができました。

矛盾・対立するリーフを総合することで、個々のリーフが持つ方向性とは異なる、新規性のある解決先を見つけることができます。

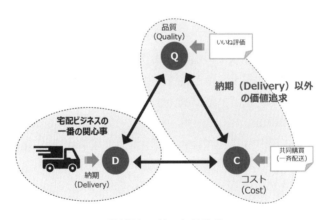

「納期」以外の価値追求

## ◆5-1-2　「時間的」な総合

問題を一度の対策で解決するのではなく、複数の手順を踏んで対応する場合があります。手順は通常、時間的な経過を持っ

ています。「まずはこうしよう」「次にこうして」「とどめはこれだ！」という具合です。

　ここではリーフ同士に時間的な関係を見出すことで総合します。1つは、順序に基づいたものです。手段を講じる順番を映画のストーリーのように並べてまとまりを作ります。もう1つは、「原因」と「結果」に着目したもので、「因果関係」をまとめたものです。映画ではプロットと言われています。これらの方法についてはフェーズ2でも解説していますので参照してください。

### 〈5-1-2-1　順序構造〉

　映画や小説では、多くの場合、過去から現在という方向に時間が流れています。これは、私たちが実際に体感している時間の流れと同じなので、簡単にストーリーを追いかけることができます。

　他にもこのような時系列にイベントを整理したものはたくさんあります。ビジネスの領域では、サプライチェーンやビジネスプロセスなどがよく使われます。原料を仕入れて加工し、販売計画を立て、店舗に運び販売するという一連の流れは順序構造を持っています。

　ビジネスにおける○○計画なども順序立てて作られることが多いと思います。市場調査を行い、試作品を開発、テスト販売を行い、結果を見て工場を建設、量産を開始する……などの計画も、時間軸に沿った対策が盛り込まれます。

バリューチェーン

| 研究・開発 (R&D) | 製品企画 | 購買 | 生産 | 出荷物流 | 販売・マーケティング | アフターサービス |

順序構造の例

　ターゲットを「宅配ビジネス」とし、ベースを「DPEショップ」に設定しましたが、ここから「DPEショップ」のように地域に開かれた拠点となる「宅配ショップ」というアイデアが浮かびました。同業他社と協力し、様々な宅配業者の荷物を扱います。他社との協力によって、ドライバーの人材不足解消やカーボンニュートラルに貢献できるかもしれないという考えです。

　フェーズ4の発散では、以下のようなリーフが見つかりました。

・規格の共通化

・目的を変えた流用

・分業方法

　さて、これらを材料にして順序構造を作ってみましょう。

　他社との協業を考えた場合、「規格の共通化」は最初に考える必要がありそうです。宅配ビジネスで規格というと段ボールのサイズが思い浮かびますが、これは配送料金に対応しているので、段ボールサイズを統一するということは料金体系も統一することになりそうです。

　さらに段ボールサイズはトラックの大きさや、ストックヤードにある様々な設備の仕様にも影響するかもしれません。また、時間帯指定の時間帯も各社によってまちまちです。このようなサービス仕様も統一の対象になるでしょう。

そう考えると、あらゆることが対象になりそうで、一度には
とてもできそうにありません。時間もかかりそうなので、「規
格の共通化」は最初に手を付ける必要がありそうです。

　「規格の共通化」に取り組むと、A社がB社に合わせられるも
の、B社がA社に合わせられるもの、新しい規格を作ってA社
もB社もこれに合わせるものが出てくるでしょう。そして、妥
協点が見出せず統一できないものもあるでしょう。
　これらが見えてくると、「分業の方法」についても検討する
ことができるようになります。例えば、クール便についてはA
社はB社に合わせましたが、一般の荷物についてはB社がA社
に合わせたとします。その場合、協業するエリアについてクー
ル便はB社が担当し、一般の荷物はA社が担当することが考え
られます。他にも集荷のシステムはA社のものを共同で利用
することになったけれど、配送システムについては合意できな
かったという場合もあるでしょう。その場合、集荷はA社が
一括して行うけれど配送はA社とB社が共同で行う、というよ
うに分担することが考えられます。

　協力する他社との「分業の方法」が決まったら、今度は一緒
に作業を行う場所を探す必要があります。例えば、クール便は
B社が行うのであれば、B社のクール便の中継センターが近い
方が良いでしょう。もちろんA社が集荷を行うのであれば、A
社の中継センターへのアクセスも重要になります。複数の要素

を勘案する必要がありますが、基本は分業の仕方に左右される
はずです。

　他社との分業以外で「宅配ショップ」の場所を決める要素に
は何があるでしょう？「宅配ショップ」には、荷物のストック
やトラックの駐車スペースも必要です。そして、利用者が訪れ
やすい場所であることも重要です。利用者はクルマで来る場合
もあるでしょうが、徒歩や自転車で来る人もいるでしょう。
「目的を変えた流用」から考えてみましょう。例えば、閉店し
たファミリーレストランが看板を外されて街道沿いに佇んでい
るのを見かけることがあります。ここを宅配ショップに改装で
きないでしょうか。分業の条件に合った閉店ファミレスを探し
てみるのも一つの手です。

　さて、順序構造で考えると、
「規格の共通化」→「分業方法」→「目的を変えた流用」のよ
うにまとめることができました。
　これは、下図のようなビジネスプランとしてシナリオを構成
することができます。

順序構造からビジネスプランを導く

### 〈5-1-2-2　因果関係〉

　次は「因果関係」に着目する方法です。これは「原因」と
「結果」の関係で、映画や小説ではプロットと呼ばれています。

推理小説を読むとき、読者は「順序関係」であるストーリーに沿って物語を理解します。探偵は何かのきっかけで事件に巻き込まれ、様々な登場人物との関係が描かれ、犯行の痕跡を見つけたりします。すっかり騙(だま)されそうになりますが、最後には見事に犯人を捕まえる……というのは時間軸に沿ったストーリーです。

　しかし、小説の中の探偵は私たちとは別の視点で考えます。
「そもそも、なぜ、勝手口の鍵がかかっていなかったのだろう？」
「皆が寝静まった後に誰かが開けたとしか考えられない」
「鍵を開けることで、誰でも出入りできるようにしたのだ」
「そうすれば、犯人を特定できなくなる」
　というように、事件が起きた後の「結果」からその「原因」を一つ一つ探っていくのが探偵の仕事です。探偵が追いかけているのがプロットです。推理小説に限らず、物語にはこのようにストーリーとプロットが二重に埋め込まれています。

推理小説のプロット

　さて、ターゲットを「クルマ」として、ベースに「カメラ」を設定した際に、次のようなリーフが得られました。

- ・マウント
- ・アダプター
- ・等価部品の相互交換
- ・ポイント制
- ・未来予測プラットフォーム
- ・地域ポイント制

　これはレンズ交換式のカメラからヒントを得て、カメラのレンズやボディを交換するように、クルマのプラットフォームやボディを交換して楽しめないか？　というものです。

　ここで「交換して楽しめる」という結果を、「交換する」と「楽しむ」に分割してみます。クルマに乗る生活が楽しめるものであることが最終的には重要なので、「楽しむ」という結果を得るための原因がプラットフォームやボディを「交換する」ことというように考えることができます。

　プラットフォームやボディを「交換する」ことができるのは「マウント」や「アダプター」があるからです。

　さて、「ポイント制」やこれの発展形の「地域ポイント制」はどのように発想されたのでしょうか？　カメラのアナロジーから考えたのですが、カメラは家族など親しい人と一緒の場面でよく使われていました。お父さんだけでなく、お母さんも含

めて皆が笑顔になれるアイデアとして、クルマの「ポイント制」が考案されたのでした。

　そうすると、「ポイント制」は「楽しむ」という結果を作る「原因」とも考えられます。

　このように因果関係に着目して整理すると、「楽しむ」ことを目的とした手段のツリーが出来上がります。
「やりたいことはクルマで生活を楽しむことなんだ」
「そのためには、ボディとプラットフォームを交換したり、ポイント制を導入したりという方法があるね」
　という気付きに基づいた整理ができます。「未来予測プラットフォーム」も「楽しむ」ための原因と考えても良いですし、「ポイント制」のメリットを受けやすくするための原因として整理することもできます。もちろん、どちらもしっくりこない場合は捨象してしまっても構いません。

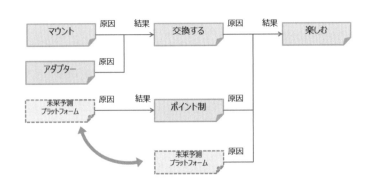

ここまで、解決策を総合してきました。抽象化するだけでなく、時には具体化しながら解決策の全体像を把握できたと思います。

## 5-2　プロトタイピング

　次に、総合された解決策をプロトタイプとして表現します。プロトタイピングというのは、重要な観点にフォーカスした模型を作ることです。プロトタイプを作ることで、構想した解決策が狙ったものになっているかを検証します。フォーカスするのは、解決策をユーザーが利用する観点です。

　「5-1　解決策の総合」では、解決策自体に焦点を当てました。解決策である複数のリーフを、階層構造や順序構造などで見通し良く整理することが総合の目的でした。

　プロトタイピングでも解決策を対象にしますが、解決策自体の構造や順序は対象にはしません。解決策をユーザーが利用する場面に焦点を当てます。

　ユーザーとの接点を考えるとき、アナロジカル・デザインが「問題解決型」ではなく「問題発見型」の方法論だということがポイントになります。「問題解決型」であれば問題はユーザーの中にあるので、ユーザーを想定することで解決策の妥当性を評価できます。しかし「問題発見型」の場合、ユーザーがそもそも問題だと思っていないことを対象にしているので、ユーザーの観点を導入しても解決策の妥当性は評価できません。

　ここでは、2つの観点を意識してください。具体化と抽象化を繰り返して問題の解決策を考えてきたのは、ターゲットを提供するあなたやあなたのグループです。なので、どうしても提供側の観点が強くなりがちです。ここにユーザーが利用するという反対側からの観点を導入することで、解決策の方向性を調

整したり、新たな気付きを補完することができます。

　2つ目は、ユーザーが解決策を利用したその後を構想します。ユーザーはその解決策に触れて、どのように反応するか？　ユーザーたちによって社会はどのように変わっていくか？　という未来の構想から解決策にフィードバックを得るのです。

　一般的にはユーザーとの接点を評価するのは、実用性や実現可能性の観点からです。

「こんなものは本当にユーザーに受け入れられるのか？」

「実際に使うとこんな問題があるぞ！」

　というようにブレーキ役としてユーザーが登場します。しかし、アナロジカル・デザインではそれを検証するのが目的ではありません。

「ユーザーと対面することで、解決策はもっと面白く変容するのではないか？」

「ユーザーと歩み始めた未来の構想から、もっと面白いアイデアが生まれるのではないか？」

　というアクセルを踏む役割としてユーザーとの接点を検証します。

　このポジティブなユーザーとの出会いが、アナロジカル・デザインにおける価値創造のゴールです。


◆5-2-1　ストーリーボード

　ストーリーボードは、ユーザーの体験を目に見えるように「絵コンテ」を用いてストーリーで表現する方法です。製品などの有形物にも、ビジネスやサービスなどの無形物にも使えます。

　手順は以下のようになります。

①解決策を利用するストーリーの絞り込み

②ユーザーの状況設定

③ストーリーを場面に分割

④イラストとセリフの作成

⑤考察

### 〈5−2−1−1　宅配スタッフの個人委託〉

　ここまでフェーズ3以降、「宅配ビジネス」を「CtoC ビジネス」のアナロジーで考えてきました。CtoC ビジネスの Uber Eats をヒントに、宅配ビジネスにおいて配送を一般の個人に委託するビジネスは、どのように実現できるか？　というものです。これを例題にストーリーボードを作ってみましょう。

　フェーズ4からは、CtoC ビジネスから取り込める要素を抽出し、フェーズ5では、グルーピングや弁証法などを使って解決策を総合してきました。

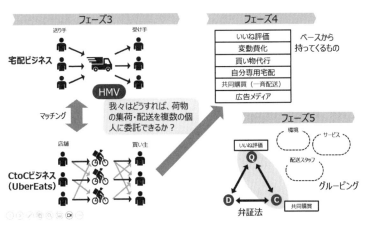

「CtoC ビジネス」からのアナロジーの経緯

### ①解決策を利用するストーリーの絞り込み

　総合した解決策でどこにフォーカスを当てるかを決めます。以下のような観点で選択してみてください。

・解決策の中で自分の興味・関心の高い側面

・ユーザーとの接点から新たな発展が期待できるところ

　ここでは「いいね評価」と「共同購買」を選択してみます。前節の弁証法を使った解決策の総合で、日用品等を共同購買しマンションの共有スペースに在庫として保管する方法が発想されました。この方法が、業務委託を受けた個人の配送スタッフとどのように融合できるかを考えてみます。「いいね評価」の位置付けも検証します。

## ②ユーザーの状況設定

「宅配ビジネス」を考えた場合、ユーザーは荷物を送ったり受け取ったりする一般の利用者です。しかし個人が配送を行うビジネスモデルでは、配送スタッフもこのサービスを利用するユーザーと考えられます。ここではキーパーソンでもある配送スタッフをユーザーとしましょう。

　マンションを舞台としたとき、配送スタッフにはどんな人が考えられるでしょう？

　最初に思いつくのはマンションの住人です。日中に在宅しているシニア世代や主婦などが配送の業務を請け負うのです。他にマンションの状況に通じていて、できれば様々な事務作業にも対応できそうな人はいるでしょうか。例えば、マンションに常駐している管理人ということも考えられます。ここでは、マンションの管理人が配送スタッフを行うという設定にします。

## ③ストーリーを場面に分割

　管理人さん（＝配送スタッフ）はこのサービスのユーザーなので、ユーザーになるきっかけのところから場面を考えてみます。

（場面1）管理人さんがマンションの敷地内を巡回していると、クルマから重そうに荷物を降ろしている老夫婦に出会う。ミネラルウォーター、レトルト食品、トイレットペーパー、洗濯用

洗剤などをカートに載せ換えてエレベーターまで運んでいく。

（場面2）今度は駐輪場で自転車を押すお母さんを見かける。チャイルドシートに小さい子供を乗せ、ハンドルを握る手に大きな買い物袋を提げている。袋の中には、トイレットペーパーにレトルト食品に洗濯用洗剤……。

（場面3）管理人さんがマンションの防災備蓄品の在庫をチェックしている。在庫にはミネラルウォーターやレトルト食品、トイレットペーパーなどがある。住人が重たそうに運んでいた日用品と同じものが多い。

（場面4）ある日、管理事務所に荷物を届けに来た配送スタッフは若い学生のようだった。声をかけると「個人で配送スタッフとして契約している」とのこと。そこで管理人さんは、自分が配送スタッフとして日用品をこのマンションまで運んでくることができれば、住人の負担は軽減されるのではないかというアイデアを思いつく。

（場面5）住人の注文を受ける管理人さん。契約スーパーのネットショップで注文する。注文された商品が近くのウサギ急便の配送センターに届けられると、管理人さんに連絡が入る。管理人さんはマンション専任の配送スタッフとして配送の依頼を受け付ける。

（場面6）マンションの共同倉庫に作られた在庫スペース。老夫婦がミネラルウォーターを取りに来る。若いお母さんはトイレットペーパーを取りに来る。ついでに注文していく。皆、管理人さんに「いいね評価」をする。

### ④イラストとセリフの作成

絵コンテとセリフを書いてストーリーボードを完成します。

（場面1）ある日、マンションの管理人さんは重そうに荷物を運ぶ住人の
　　　　老夫婦に出会う。

（場面2）今度は駐輪場で子供連れのお母さんを見かける。買い物帰りら
　　　　しく大きな荷物を持っている。

（場面3）防災備蓄品のチェックをしていると、住人が運んでいた日用品と同じようなものであることに気付く。

（場面4）管理人室に宅配の荷物が届く。ウサギ急便の社員ではなく、個人契約している学生が運んでいる。

（場面5）早速、管理人さんはマンション専任の配送スタッフとして登録する。荷物がウサギ急便の営業所に届くと連絡が入る。住人の注文代行もやっていて、まとまった数の注文だと安く買うことができる。

（場面6）マンションの共同倉庫に注文品の在庫スペースを作った。これで、ネットを使わない老夫婦も管理人さんに直接注文できる。管理人さんは、早く「いいね評価」が溜まるので昇給も早い。

### ⑤考察

作成したストーリーボードから、もっと面白くするためのア

イデアや未来の構想を膨らませてみましょう。

　マンションに日用品の在庫があり、注文もマンション内ででできるということは、「小売り」の機能がマンションで完結しているということです。ここから、「小売り」と「配送」が融合していくのではないか？　という未来が構想できます。

　インターネットにより、全国どこからでもどんな商品でも注文できる環境は既に完成されています。店舗を持つ小売業の役割は小さくなっていくでしょう。つまり「配送」の機能さえ持っていれば「小売り」は成立してしまうという未来です。

　しかし、配送スタッフ不足の問題は残ります。これが解決されれば「小売り＝配送」の未来は実現できそうです。ここで考えた、マンション管理人を中心としたアイデアは、そんな未来への通過点かもしれません。

　もう1つ、マンションの管理人が配送スタッフを兼ねるという点から考えてみます。マンションの管理業務と配送スタッフを兼業できるのか？　という問題があります。兼業ルールが緩和されてきていますが、実際には難しいところもありそうです。

　では、マンション管理会社の業務として行うことはできないでしょうか？　管理会社が自社で管理するマンションへの配送を請け負うのです。マンション管理会社は設備管理や清掃などの業務が中心でしたが、より積極的に住人の生活レベル向上を担うという選択肢もあります。

　「配送業務を個人に委託できないか？」を探って検討を進めてきましたが、全く異なる業種（マンション管理会社）を「個人」と見立てて連携することで、双方に利益のあるビジネスモデルが描けるかもしれません。

管理会社との連携による利益構造

### 〈5-2-1-2 「宅配ショップ」での同業者との協業〉

「宅配ビジネス」に関しては「DPEショップ」のアナロジーでも考えました。かつて街中でよく見かけた写真フィルムの現像とプリントを行うところです。「DPEショップ」から考案された「宅配ショップ」を舞台に、同業他社と協業できないかというものです。

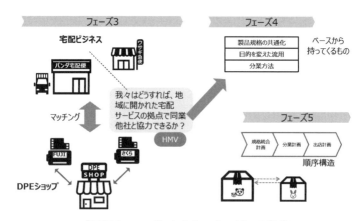

「DPEショップ」からのアナロジーの経緯

### ①解決策を利用するストーリーの絞り込み

「DPEショップ」にはいくつもヒントがありましたが、やはり「DPEショップ」に"出向いて"フィルムを預け、仕上

がったプリントを受け取るというプロセスが特徴的です。ここでは「宅配ショップ」に"出向いて"荷物を送ったり、受け取ったりするストーリーを考えます。

## ②ユーザーの状況設定

ユーザーには、この解決策の恩恵をできるだけたくさん受けられる人を設定します。「宅配ショップ」はお店の代わりに利用できるので、近くに大型スーパーなどがない地域ほどニーズが高くなりそうです。また、"出向いて"荷物を送ったり、受け取るのが便利なのは、自宅を不在にすることが多い会社員などでしょう。

・一人暮らしをする会社勤めの女性
・近隣にあまり商店がない地方都市に在住
・クルマは持っていない
・ネットでよく買い物する
・メルカリにもよく出品している
　そんなユーザーを設定してみます。

## ③ストーリーを場面に分割

（場面1）朝、出勤の支度をしている時に、メルカリに出品していた商品が売れたという通知が届く。早速、発送したいが、出勤する時刻になっている。

（場面2）通勤の途中で「宅配ショップ」に立ち寄り、メルカリで売れた商品を持ち込む。時間がなく、梱包していない商品をそのまま持ち込む。

（場面3）会社の昼休み。週末は友人とキャンプに行く予定だが、バーベキューの食材やキャンプ用品を準備しなければならないことを思い出す。郊外のこの辺りには大きなスーパーもなく、キャンプ用品を扱う店もない。クルマにも乗らないので買

いに行くこともできない。

そこで、必要なものをネットで注文して「宅配ショップ」で受け取ることにする。ついでに、本日到着する予定の荷物をチェックして「自宅への配送」を「ショップでの受け取り」に変更する。送料が1割ほど安くなる。

（場面4）帰宅途中で「宅配ショップ」に立ち寄り、届いていた荷物を受け取る。異なる宅配業者のシールが貼られた荷物を受け取り、ショッピングバッグに詰める。たまたま見つけたコーヒーポットも「即時配達」になっていたので注文する。

（場面5）併設されているカフェでコーヒーを飲みながら、残っていた仕事を片付ける。45分ほどで注文した商品が届く。

（場面6）荷物を持って帰宅する。

## ④イラストとセリフの作成

（場面1）メルカリで商品が売れたけど、もう出勤する時刻。明日からは友人とキャンプに行くので送ることができない。

アナロジカル・デザイン

（場面2）宅配ショップに持ち込めばバーコードをスキャンするだけ。梱包もやってくれるのですぐに発送できる。

（場面3）会社の昼休み。明日からのキャンプの準備をスマホで済ませてしまう。ついでに本日配送予定の自宅受け取りの荷物を宅配ショップでの受け取りに変更。1割ほど送料が安くなる。

（場面4）宅配ショップだと、異なる宅配会社の荷物も一緒に受け取れる。

（場面5）併設されているカフェで仕事の続き。その間に注文しておいた
　　　　　コーヒーポットが届く。

（場面6）週末は買い物もできないが、宅配ショップで日用品の注文も済ませてきた。会社帰りに受け取れば送料もお得になる。

### ⑤考察

　実際にストーリーボードを作ってみて、気が付いた点から解決策を発展させます。

　ここで設定したユーザーは、ネットショッピングのヘビーユーザーでした。ネットで注文するだけでなく、自らメルカリに出品して注文を受けることもしています。

　ネットショッピングは、スマホさえあればどこからでも注文して自宅で受け取ることができます。これは、物理的なものだった「お店」を、情報技術で仮想化することで実現したものです。取り引きに使われる「お金」も、同じように電子決済というかたちで仮想化されています。

　しかし、どうしても仮想化できないのが商品そのものと、それを運搬する手段です。販売や決済はIT技術でいくらでも効率化できますが、宅配はそうはいきません。なので、世の中が便利になればなるほどしわ寄せがきて、人手不足に苦しむことになります。

　「宅配ショップ」は、ネットショップとリアル店舗の中間形態ともいえます。仮想化の段階を少し巻き戻して、宅配ビジネス

に寄せられた"しわ"を伸ばす役割とも考えられます。今の「ネットショップ→自宅配送」という流れに「ネットショップ→宅配ショップ→自宅」という選択肢を追加することで、自宅を不在にしがちな人や、より早く荷物を受け取りたい人、送料をもっと抑えたい人のニーズを掬い上げることが狙いです。もちろん、宅配ビジネスにとっては人手不足対策にもなります。

　そうすると、解決策はいつも「最新の」ものである必要はないことに気が付きます。技術の進歩で便利になったり楽しさが増えるのは素晴らしいことですが、一方では、取り残され大変な思いをしているところもあるのです。

　ここ数十年は情報技術により様々な領域が革新されましたが、少し"巻き戻す"ことで、より豊かになる領域があるのではないでしょうか？

　例えば、今でも、昭和の頃と同じように夕方になると豆腐の移動販売が行われている地域があります。「宅配ショップ」を昭和まで巻き戻して、移動販売形式にすることも考えられます。

　Uber Eatsなどはフードデリバリーに特化した「宅配」ともいえますが、フードデリバリーサービスを運営する会社のキッチンカーが団地などにやって来るのです。しかし、このキッチンカーにはキッチンはついておらず、注文を受け付けて、キッチンカーの場所まで食事を配達するのです。少し待ち時間はかかりますが、地域の飲食店と連携することで、どこよりもメニューが豊富なキッチンカーになりそうです。

　このように「宅配ショップ」をユーザーとの接点で検証することで、「移動宅配ショップ」のように発想を膨らませることができます。

### ◆5-2-2　ペーパープロトタイプ

　ペーパープロトタイピングは、紙とペンを使って簡単にユーザーとの接点を検証する方法です。情報システムなどの場合は

画面イメージなどを紙に書いて、レイアウトや画面遷移などを確認するのに使われます。

　製品などの有形物の場合は製品の外観をデッサンすることで、ユーザーとの接点に焦点を当てることができます。また、紙を加工して簡単な立体模型を作ることもできます。大まかな手順は以下になります。

①焦点を当てる領域の絞り込み
②立体／平面の選択、素材の選択
③ペーパープロトタイプの作成
④考察


### 〈5−2−2−1　パーツ交換によるクルマの居住性・走行性の変化〉

　レンズ交換式の「カメラ」のアナロジーで、クルマのボディとプラットフォームを入れ替えて楽しむというアイデアが生まれました。自動車メーカー以外からもボディ生産に乗り出すところが出てくるかもしれません。アパレルメーカーやオーディオメーカー、生活雑貨メーカーなどが作ったボディで、クルマのイメージは全く新しいものになる可能性があります。そんな解決策をペーパープロトタイピングしてみます。

#### ①焦点を当てる領域の絞り込み

　やはり、クルマのボディとプラットフォームを分割して取り換えるのが特徴なので、「交換」することでユーザーはどのような体験をするかという点に焦点を当てます。

　もう1つは、ユーザーとのインターフェースになるボディそのものです。新しいクルマの体験をどんなボディで実現するかをプロトタイプで検証してみましょう。ここではこの2点にフォーカスします。

## ②立体／平面の選択、素材の選択

　製品のように形のあるものには立体が向いているように思いますが、それは、対象となる解決策とプロトタイプの目的によって選択します。

　物理的な構造を検証するのであれば立体が適していますが、ここではクルマのボディとプラットフォームを取り換えることで、ユーザーの体験はどのようなものかを検証するのが目的です。手軽に試せる平面を選択します。

　立体を選択した場合は、ここで素材も選択してください。「ペーパー」にこだわらず、簡単に立体を作れるものであれば何でもOKです。

## ③ペーパープロトタイプの作成

　実際のペーパープロトタイプを作成します。ユーザーがボディを交換するとき、どうするのだろう？　という点をプロトタイプを作成しながら検証します。また、ボディには様々なタイプがあり、1人のユーザーでも3種類くらいを使い分けるのではないかということが見えてきます。

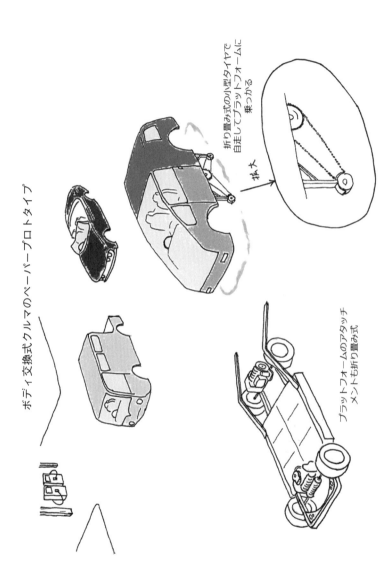

ボディ交換式クルマのペーパープロトタイプ

折り畳み式の小型タイヤで
自走してプラットフォームに
乗っかる

拡大

プラットフォームのアタッチ
メントも折り畳み式

## ④考察

　実際に絵を描いてみると、フォーカスするべき点が明瞭になってきます。ペーパープロトタイプから解決策を、さらに発展できないかを考えます。

　ボディとプラットフォームを入れ替えるということは、クルマを楽しむということにとどまらず、別の意味があるかもしれません。

　ニーズに合わせて様々なボディとプラットフォームを組み合わせるというのは、今までのように一台のクルマを所有するというより、その時の状況に応じて利用するという形態が合っていそうです。企業がボディとプラットフォームをリースやレンタルでユーザーに提供するということも考えられます。一方では、カスタマイズの範囲が広がるので、今までのクルマ以上にステイタスや個性の表現として利用されることもあるでしょう。

　また、近年の安全技術の進歩は目まぐるしいものがあります。最新のテクノロジーを装備したクルマが走行する一方で、安全機能がない普通のクルマも走行しています。どんなに自分のクルマが安全機能を装備しても、他のクルマと同じ環境を走行するのでは安全にも限界があります。

　最新のソフトウェアで絶えずバージョンアップされ、きちんとメンテナンスされた安全装置を装備したクルマだけが走行する環境では、安全性も格段に上がることが期待できます。

　例えば、交換式のクルマのプラットフォームは自動車会社が所有し、これを一般ユーザーが利用するということも考えられます。プラットフォームは絶えず最新技術で更新・メンテナンスされます。統一された規格で作られた様々な機能で周辺のクルマと通信し、お互いの状況をリアルタイムで把握することも可能になります。

　プラットフォームを提供する自動車会社は、従来のように車両を製造・販売する会社ではなく、現在の鉄道会社のような公共交通機関と似たものになるかもしれません。この"シン自動

車会社"は物理的なプラットフォームを提供することで、クルマという交通機関が安全に運用されるための社会的なプラットフォームも同時に提供するのです。

　クルマは個人が所有し、ユーザーに自由な移動手段を提供してきました。しかし、安全や環境など社会に直結する問題も抱えています。本来の目的である「個人に自由な移動手段を提供する」ことと社会性を両立させるために、プラットフォームを公共の所有とし、ボディを個人の所有とするアイデアです。

　このようになると、クルマには「棲み分け」が起こるかもしれません。例えば、交換式のクルマは決められたエリアや道路などでリモート通信による厳格な速度制限を行うとします。渋滞や公害などで市街地へのクルマの乗り入れを規制する動きがヨーロッパなどで広がっていますが、交換式クルマはすべてEVで市街地での制限速度を30km/hとすれば、既存のクルマが入れないエリアでも許可されるかもしれません。

　交換式のクルマだけが走行できる専用道路ができれば、周りのクルマはすべて安全機能が装備されリアルタイム通信が行われるので、速度制限なしということもできます。ボディの外側にエアバッグを装備した場合は制限速度を20km/hにして、公園や歩道など人と密接するエリアも走行可能とします。これは介護や緊急時医療などに活躍するでしょう。

　今までは個人の移動手段といえばクルマか自転車か徒歩ですが、そこに新しい選択肢として、交換式のクルマは多様性を広げる可能性があります。

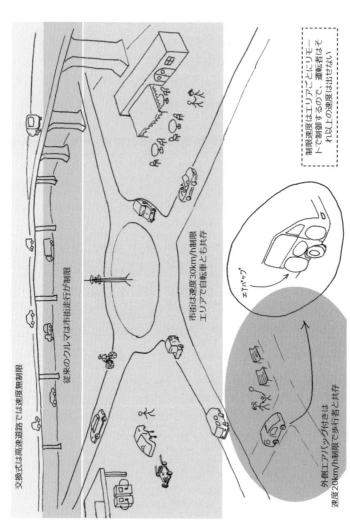

アナロジカル・デザイン

交換式は高速道路では速度無制限

従来のクルマは市街走行が制限

市街は速度30km/h制限
エリアで自転車とも共存

外側エアバッグ付きは
速度20km/h制限で歩行者と共存

エアバッグ

制限速度はエリアごとにリモートで制御するので、運転者はそれ以上の速度は出せない

棲み分けられた未来の街を走る交換式クルマ

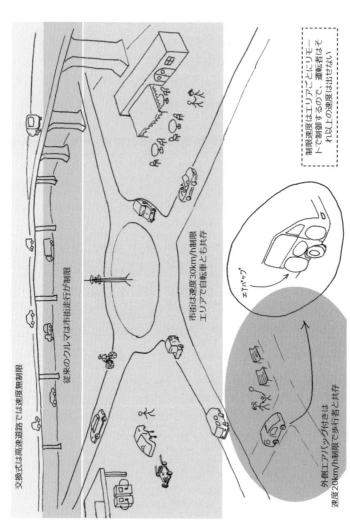

このようにペーパープロトタイプから発想することで、解決策の新たな着地点を見つけることができます。ユーザーとの接点を考える場合、モノゴトを利用する一個人が想定されますが、現在の制約にとらわれず未来を構想すると、ユーザーは家族であったり、企業であったり、さらには社会全体へと広がりを持つことができます。

# あとがき

　今まで誰も思いつかなかったサービスを生み出したり、前例のない機能を持つ製品を開発したり、革新的なビジネスを構想して成功を収める人々を見ると、尊敬の念を抱かずにはいられません。それは、私の周囲にいる人達も同じで、様々な「創造」の事例を目の当たりにすると、驚きや憧れの言葉を口にします。しかし、そんな言葉の裏には、それらを創造した人々には何か特別な「センス」があり、その謎めいた素質を持っているからこそ実現できたというニュアンスが含まれます。「我々一般人にはとてもできない」というわけです。

　読者のそんな考え方が少しでも変われば、本書の目的は達成されたことになります。「創造」することには確かに困難が伴います。しかし、「創造」は謎めいた素質や天才的な頭脳を持つ人だけが行えるというものではありません。私達人間が、古くから培ってきた具体化や抽象化、アナロジーなどの考え方を上手く組み合わせることで、普通の人にも「創造」への扉は開かれます。

　ところで、私を含めた「普通の人」にも、「創造」することは、本当に重要なのでしょうか？　そんな面倒なことは天才達にまかせておけば良いのでは？　確かに、そういう考え方もあります。一方で「創造」は企業の収益拡大や産業の発展、ひいては社会全体の幸福に繋がるので、一人一人が取り組むべきだという考え方もあります。これも、確かにその通りだとは思います。しかし、私は「創造」することは、それを行う人にとって、何より大切だし楽しいことなのだと思います。結果として企業や社会に貢献できれば、これほど良いことはないでしょう。

　本書でも解説したように「創造」には「問題発見」が必須に

なります。私達は日々忙しく時間に追われていて、ともすれば、世間が問題としていることを問題と考えたり、他人が提起した問題を解決することに専念していたりします。個人にとって「創造」することは、そんな時間の流れをいったん止めて、主体的に世界との関わりを持つきっかけを作ります。なぜなら、発見した問題は、あなたが世界から引っ張り出してきたものだからです。

　本書で鍵となるアナロジー（類推）を使った思考法は古代からあったといわれています。1980年代に理論的に整備されましたが、日本でアナロジー思考を広く一般に紹介したのが細谷功氏です。細谷氏の著作 [9] [10] [11] から多くを学びました。この場を借りてお礼申し上げます。

　本書の完成までには、多くの方の協力がありました。改めて、感謝いたします。文芸社の青山泰之さんと吉澤茂さんには特にお世話になりました。

　最後に、本書の構想段階から、適切なアドバイスをしてくれた妻の香里に感謝します。的を射た彼女の指摘がなかったら本書は完成しなかったでしょう。

あとがき

# 参考文献

1. ホースト・リッテル＆メルヴィン・ウェッバー、"Dilemmas in a General Theory of Planning"（1973年）

2. 各務 太郎『デザイン思考の先を行くもの』（クロスメディア・パブリッシング（インプレス）、2018年）

3. 安西 洋之、八重樫 文『デザインの次に来るもの』（クロスメディア・パブリッシング（インプレス）、2017年）

4. 山口 周『ニュータイプの時代』（ダイヤモンド社、2019年）

5. 川喜田 二郎『発想法 改版』（中央公論新社、2017年）

6. D.A.ノーマン『誰のためのデザイン？ 増補・改訂版』（新曜社、2015年）

7. 英国デザイン協議会、https://www.designcouncil.org.uk/our-resources/the-double-diamond/（2005年）

8. 中山 正和『増補版 NM法のすべて』（産業能率大学出版部、1977年）

9. 細谷 功『具体と抽象』（dZERO、2014年）

10. 細谷 功『アナロジー思考』（東洋経済新報社、2011年）

11. 細谷 功『メタ思考トレーニング』（PHP研究所、2016年）

**著者プロフィール**

**武田 敏幸**（たけだ としゆき）

外資系コンサルティングファームでビジネスデザインなどを経験した後、事業会社などで人材育成に携わる。SF好き。中学生の時に観た映画『2001年宇宙の旅』に衝撃を受ける。「社長とデザイナーは『攻殻機動隊』を観るべきである」という考えに一票を投じている。猫派。
ウェブサイト『アナロジカル・デザイン』管理人として情報発信を行う。

アナロジカル・デザイン　https://analogical-design.com/
e-mail：analogical.design.lab@gmail.com

**アナロジカル・デザイン** 創造するための具体化と抽象化

2024年4月15日　初版第1刷発行

著　者　武田 敏幸
発行者　瓜谷 綱延
発行所　株式会社文芸社
　　　　〒160-0022　東京都新宿区新宿1－10－1
　　　　　　　　　電話 03-5369-3060（代表）
　　　　　　　　　　　　03-5369-2299（販売）

印刷所　株式会社フクイン